AF607157

ITALIA

LORENZO
MILANI

con los alumnos
de la escuela
de Barbiana

Carta a una maestra

ENSAYO 43

LORENZO
MILANI

con los alumnos
de la escuela
de Barbiana

Carta a una maestra

Traducción e introducción
de José Luis Corzo

JOSÉ LUIS CORZO*

Introducción

El fracaso escolar

Esta *Carta a una maestra* la escribieron con su maestro en 1967 dos chicas y seis chicos de una escuela de aldea en la montaña (Barbiana, Italia). Pudo haber solucionado nuestro mayor y endémico —ellos lo llaman el «único»— problema de la escuela: «los chicos que pierde» [p. 46]. Lo conocemos como «abandono» (de los chicos) y «fracaso» (del sistema, ¡claro!). Las cifras españolas son altísimas, aparte de ser un enigma, pues contar los suspensos del último curso es fácil, pero no a quienes ya no volverán más… Tal vez cambiaron de centro.

El cálculo del auténtico fracaso escolar (italiano) en esta *Carta,* pionera en sociología de la educación, es prodigioso. Pero cincuenta y siete años después aquí tampoco hay cifras

• José Luis Corzo, escolapio, catedrático emérito de Teología de la Palabra en la Universidad Pontificia de Salamanca, estudioso y traductor de Lorenzo Milani, fundó en Salamanca la Casa Escuela Santiago Uno (1971) y la Escuela Agraria Lorenzo Milani (1980). Ha sido el único extranjero en los comités nacionales italianos encargados de editar *Tutte le opere* de Milani (Mondadori, Milán, 2017) y de celebrar su centenario (2023).

oficiales y precisas, porque ahora contamos los jóvenes entre dieciocho y veinticuatro años sin título escolar alguno y se habla del 13,6% cuando el objetivo era un 9%. Y mientras se ofrecen títulos de apaño (como Formación Profesional Básica), se deja de mirar a la escuela obligatoria, cuyo fracaso no bajará del 30%.

También nos avergüenzan las cifras españolas del informe PISA *(Programme for International Student Assessment)* por inferiores a la media OCDE en Ciencia, Matemáticas y Habilidad Lectora de los quinceañeros. PISA asegura en 2023 que el Índice Social Económico y Cultural (ISEC) marca nuestra grave brecha escolar: repiten y abandonan más los socialmente desfavorecidos.

La *Carta* y su trastienda

Todos los maestros leímos esta *Carta* colectiva, traducida al catalán y al castellano (1969 y 1970, respectivamente), luego al gallego (2018) y ojalá pronto al euskera. El musulmán Mansur Ahmed, experto mundial en alfabetización de etnias marginadas, aseguró a finales de los setenta que esta *Carta* estaba ya en sesenta y dos lenguas en la biblioteca parisina de la UNESCO.

Sus autores la escribieron para que los padres de tantos alumnos excluidos se rebelasen; pero se dirigían a una «profesora» de Magisterio que rechazó a dos de ellos que intentaban hacerse maestros. Nuestra pedagoga Marta Mata (1926-2006) sugirió titularla «a una maestra», por ser la clave y posible cómplice de los desechados.

En cambio, aquí no se conoce bien a quien urdió la *Carta*, aunque en el año 2000 la entonces revista *Cuadernos de Pedagogía* lo incluyó entre los once mejores pedagogos del siglo XX. Nuestra ignorancia, tal vez, se deba a que Lorenzo Milani (1923-1967) no era un maestro de oficio (tampoco Paulo Freire, Maria Montessori, Mario Lodi y tantos grandes advenedizos a las aulas); o más bien a que colmaba nuestro rígido tope anticlerical (superior al italiano o de otros países): ¡era un cura, y con sotana!

Poco sabemos de sus solo cuarenta y cuatro años de vida; tras siete de escuela parroquial nocturna (de la que quitó el crucifijo para que cupieran también los mozos comunistas), su obispo lo envió al exilio de Barbiana (sin agua, luz, teléfono ni carretera), convertido por él en una escuela maravillosa. Allí remató sus *Experiencias pastorales* (477 páginas), cuya venta y traducción prohibió enseguida la Iglesia por considerarle clasista y por no entender su excusa ante los misioneros chinos que tendrán que volver a evangelizar Italia: «no hemos odiado a los pobres, como la historia dirá de nosotros…».

En 1965 también fue incriminado por responder en la prensa a los curas castrenses que llamaron cobardes a los objetores de conciencia. Su autodefensa ante los jueces cautivó, entre otros, a Erich Fromm. Aquí no pudimos leerla. Tras trece años allí arriba y poco antes de morir, apareció esta fulminante *Carta*. Y, por fin, a los cincuenta años de su muerte, el papa Francisco subió a Barbiana (2017) y también el presidente de la República, Mattarella, a los cien de su nacimiento (2023). ¿Nos lo vamos a perder los españoles?

Igualdad y escuela obligatoria

Muchos leímos esta *Carta* tan clara, pero no hicimos caso. Puede que nuestra mentalidad pedagógica se salte por qué razón existe una escuela obligatoria para todos, estatal o no, hasta los dieciséis años.

Según algunos, es para dar a todos la oportunidad de su propio desarrollo personal. Dice la Constitución que la educación «tendrá por objeto el pleno desarrollo de la personalidad humana» (artículo 27.2); y la Declaración Universal de los Derechos del Niño (1989), que «deberá estar encaminada a desarrollar la personalidad, las aptitudes y la capacidad mental y física del niño hasta el máximo de sus posibilidades» (artículo 29).

Pero, en la práctica, eso se traduce por la oportunidad de subirse al ascensor social y adquirir las «competencias» básicas para «competir» toda la vida (lamentable afinidad verbal). En un sistema económico y político tan liberal, donde cada uno va a lo suyo, según su herencia y su esfuerzo, es lo corriente. Se vinculan instrucción y mérito de cada estudiante hasta cambiar en Italia el nombre del tradicional Ministerio «de la Pública Instrucción» por «de la Instrucción y el Mérito», según su derechoso Gobierno actual.

Otros decimos que la escuela es obligatoria por una razón democrática y compensatoria. Esta *Carta* avisa que «no hay nada tan injusto como tratar igual a quienes son desiguales» [p. 62], y los discapacitados sociales —como los físicos o mentales— requieren ayuda para ser iguales. Por su cuna, por el paro, por las migraciones, etcétera, los pobres son mayoría en la tierra: hermanos «de toda África, Asia y América Latina» [p. 106].

Se librarían de esta regla los superdotados (y parece haberlos en toda familia acomodada); no deben «cortarse las alas» por los rezagados [p. 74]. Pero la *Carta* los compadece: «Pobre Pierino, casi me das lástima. Has pagado caro el privilegio. Deformado por la especialización, por los libros, por el contacto con gente toda igual. ¿Por qué no te vienes?» [p. 97].

Y es que nuestra Constitución también obliga a eliminar todo obstáculo cultural contra la igualdad: «Corresponde a los poderes públicos promover las condiciones para que la libertad y la igualdad del individuo y de los grupos en que se integra sean reales y efectivas; remover los obstáculos que impidan o dificulten su plenitud y facilitar la participación de todos los ciudadanos en la vida política, económica, cultural y social» (artículo 9.2). Como la italiana en su artículo 3 [p. 66].

Cada escuela es responsable

Aunque el motivo histórico para llevar a todos a la escuela (Ley Moyano, 1857) fuese cualificar más la mano de obra, en España no hubo una escuela igual para todos hasta la Enseñanza General Básica (EGB, Villar Palasí, 1970) y, en Italia, hasta 1962. La disyuntiva continúa: ¿oportunidad general al esfuerzo de cada uno, o derecho básico de todas las niñas y niños del país?

Tras el franquismo, los socialistas quisieron «una escuela única igual para todos», pero debieron quererla «mejor para los peores», pues la ventaja cultural de una familia acomodada no hay quien la iguale. Y para eso está la escuela, para compensar a obreros, campesinos, migrantes, gitanos, rezagados de todo tipo. Becar a los mejores de ellos y empobrecer así sus grupos no es la solución.

Las escuelas de los cristianos ya no se suelen dedicar a los pobres y la *Carta*, que aborrece el interclasismo neutral, lo dice claro: «Ciertos colegios de curas son más honrados. Son instrumento de la lucha de clases y no lo ocultan a nadie [...]. Por la mañana y por la tarde al servicio de un solo amo. No sirviendo a dos amos, como vosotros» (los maestros estatales que descuidan a los pobres) [p. 69].

Instrucción y educación

También se entiende mejor esta *Carta* si se aclara otra dañina nebulosa pedagógica: ¿la escuela es para «instruir» o para «educar»? Primar lo segundo es muy peligroso cuando se busca forjar a otros con enseñanzas y omisiones, pues educar es «educir» de uno mismo, desarrollarse y madurar toda la vida al afrontar los desafíos de la vida comunes y propios. Miles de escolares afrontan en su casa retos impensables para su maestro; y conocemos madurísimos analfabetos e instruidos muy poco educados.

Paulo Freire sentenció que «nadie educa a nadie; sino juntos, desafiados por el mundo». Pero ni caso. También dijo que determinar la instrucción obligatoria es una de las más graves decisiones políticas. De persistir nuestro afán domesticador, conviene regresar al republicano Ministerio «de Instrucción Pública» y olvidarnos del de «Educación» (y menos ¡«nacional»!, que quiso Franco).

El niño no es de nadie, es suyo, de él; ni de su padre ni de su madre. Pueden elegir colegio, pero velarán para que nadie se lo eduque a su manera; y contra el monopolio estatal hay libertad de enseñanza. Pero que todos los padres puedan realmente escoger escuela es un espejismo y Felipe González concertó muchos centros privados por escolarizar más niños, no por surtir de gustos el mercado. La escuela neutra —laica en su mejor sentido— sería lo más fácil, pero es una utopía. Convertirla en cristiana, por ejemplo, a base de una hora de religión es otro espejismo.

El ideal supremo

La instrucción escolar debe servir para «educar-nos» (cabal conjugación del verbo), no solo para pasar curso. Los de Barbiana sabían que «hay poco en vuestra escuela que sirva para la vida» [p. 39]. Ellos leían juntos el periódico, hacían escritura colectiva y con viajes, huéspedes e invitados, discos de idiomas y hasta libros de texto y de consulta, estudiaban y afrontaban juntos los grandes retos de los pobres y se enseñaban unos a otros. Amaban tanto la escuela que su *Carta* rebosa de recursos didácticos. (Solo con ella pudimos abrir la Casa Escuela Santiago Uno de Salamanca en 1971, todavía viva).

Tres remedios de la *Carta* para no perder a los últimos

Uno, no hacerles repetir curso; dos, hacer escuela a tiempo completo (como los ricos en casa); y tres, dar a los pasotas y a los más perezosos otro motivo para aprender y estudiar. En Italia —donde la *Carta* hizo furor— adoptaron bien el primero; pero, sin los otros dos, la escuela es un coladero sin sustancia cultural ni social.

El «tiempo completo» de Barbiana es irrepetible: acordaron con los padres no convertirse en señoritos y seguir un horario igual al de sus hermanos en el duro trabajo familiar en el campo: 365 días al año. España lo incrementa con menos vacaciones, preescolar (de cero a tres años) e infantil, deberes para casa (aunque los pobres ni tienen dónde hacerlos) y alguna diversificación curricular en 3º y 4º de ESO para evitar tanto café para todos. Lo más eficaz son profesores de apoyo voluntarios después de la escuela *(dopo-scuola)* y existe una red privada de Escuelas de Segunda Oportunidad.

Lo esencial es otra motivación para estudiar y otro fin para la escuela. En vez de ganar dinero y subir socialmente, «dedicarse al prójimo» [p. 95]. Si no, «el daño más profundo se lo hacéis a los escogidos» [p. 104]. Pero tal solidaridad requiere «dominar la palabra» [p. 106], pues «solo la lengua nos hace iguales» [p. 97]. Y si no somos de los últimos, seamos sus cómplices.

Para leer y saber más

Lorenzo Milani, *Experiencias pastorales,* J. L. Corzo (tr.), BAC, Madrid, 2004.

Lorenzo Milani, *No hemos odiado a los pobres. Cien cartas en su centenario (1923-2023),* J. L. Corzo (tr.), Editorial Popular, Madrid, 2023.

Cf. Grupo Milani, movimiento de renovación pedagógica (en línea: www.amigosmilani.es).

Carta a una maestra

I

Este libro no se ha escrito para los profesores, sino para los padres. Es una invitación para que se organicen.

A primera vista parece escrito por un solo muchacho. Sin embargo, los autores somos ocho chicos de la escuela de Barbiana.

Otros compañeros nuestros que están trabajando nos han ayudado los domingos.

Ante todo, debemos dar las gracias a nuestro cura, que nos ha educado, nos ha enseñado las reglas del arte y ha dirigido los trabajos.

Después, a muchísimos amigos que han colaborado de otras maneras:

1 Esta carta iba dirigida —y así se titulaba: *Lettera a una professoressa*— a una profesora de Instituto Magistral (las Escuelas Normales españolas), que por entonces preparaban desde los catorce años a las maestras o maestros de la escuela primaria. Luego, se incorporaron a la universidad (en España, 1971), previo bachillerato y prueba de acceso. Como la segunda parte del libro se refiere a aquellos estudios, pero la primera cuenta la labor de las maestras, se tituló *Carta a una maestra* la edición española (1969 en catalán y 1970 en castellano). Pero la traducción de Meri Franco-Lao (1969 en Uruguay y Argentina, publicada después otros países de Latinoamérica) mantuvo *Carta a una profesora* y, por error, a veces dice *Cartas. (N. del T.).*

Por simplificar el texto, a varios padres.

Por recoger datos estadísticos, a secretarios, profesores, directores, funcionarios del Ministerio y del ISTAT, párrocos.

Por otras noticias, a sindicalistas, periodistas, empleados municipales, historiadores, sociólogos, juristas.

Primera parte

LA ENSEÑANZA OBLIGATORIA NO PUEDE HACER REPETIDORES

Querida señora:

Usted ni siquiera se acordará de mi nombre. ¡Se ha cargado a tantos!

Yo, en cambio, he pensado muchas veces en usted, en sus compañeros, en esa institución que llamáis escuela, en los chicos que «rechazáis».

Nos echáis al campo y a las fábricas y nos olvidáis.

La timidez

Hace dos años, en primero de Magisterio, me daba usted miedo.

Aunque la verdad es que la timidez me ha acompañado toda la vida. De niño no levantaba los ojos del suelo. Me arrimaba a las paredes para que no me vieran.

Al principio creí que sería una enfermedad mía, o acaso de mi familia. Mi madre es de esas personas que se ponen nerviosas ante un telegrama. Mi padre observa y escucha, pero no habla.

Después creí que la timidez era un mal de los montañeses. Los campesinos de la llanura me parecían más seguros de sí mismos. ¡Y no hablemos de los obreros!

Ahora veo que los obreros dejan a los hijos de papá todos los puestos de responsabilidad en los partidos y todos los asientos del Parlamento.

Así que son como nosotros. Y la timidez de los pobres es un misterio más viejo. Yo, que estoy dentro de él, no sabría explicárselo. Acaso no sea ni cobardía ni heroísmo. Solo falta de arrogancia.

Los montañeses

La escuela unitaria

En primaria,[2] el Estado me ofreció una escuela de segunda categoría. Cinco cursos en la misma clase. Una quinta parte de la escuela a la que tenía derecho. Es el sistema que emplean los americanos para crear las diferencias entre blancos y negros. Desde pequeños, escuela peor para los pobres.

2 Aquí llamamos primaria a la escuela elemental italiana (cinco cursos, de los seis a los once años), similar a la española de entonces, aunque esta daba opción a los diez años al ingreso en bachillerato elemental, o a proseguir la primaria hasta los quince años, en Perfeccionamiento (de los diez a los doce años) y en Iniciación Profesional (de los doce a los quince), según la Ley de Enseñanza Primaria de 1945, que contemplaba de forma voluntaria la etapa maternal (hasta los cuatro años) y el parvulario (de los cuatro a los seis). La escuela de Barbiana acogía a los chicos tras la elemental, única escuela estatal existente en su entorno, y proseguía su Iniciación Profesional, como libres, en dibujo técnico e idiomas.

También llamaremos secundaria a la escuela media italiana, que se hizo única para todos en 1962, con tres cursos, de los once a los catorce años. En España, esta unificación no llegó hasta 1970 con la Enseñanza General Básica (EGB) de dos etapas, de cinco y tres cursos respectivamente, muy similar en Italia. Luego, en 1990, nuestra LOGSE alargó la primaria hasta los doce años (seis cursos) y estableció una Educación Secundaria Obligatoria (ESO) hasta los dieciséis: cuatro cursos de los doce a los dieciséis años, que hoy se imparten en los Institutos de Educación Secundaria (tanto si es obligatoria como bachillerato). *(N. del T.).*

Enseñanza obligatoria

Acabada la primaria, tenía derecho a otros tres años de escuela. Más aún, la Constitución dice que tenía obligación de acudir a ella. Pero en Vicchio todavía no había secundaria. Ir a Borgo era toda una aventura. Quien lo había probado, había gastado dinero a espuertas para acabar rechazado como un perro.

Además, la maestra había dicho a mis padres que no malgastaran el dinero: «Mándenlo al campo. No sirve para estudiar».

Mi padre no respondió. Para sus adentros pensaba: «Si viviéramos en Barbiana, serviría».

Barbiana

En Barbiana todos los chicos iban a la escuela del cura. Desde por la mañana temprano hasta por la noche, verano e invierno. Ninguno era «inútil para estudiar».

Pero nosotros éramos de otro pueblo, y quedaba bastante lejos. Mi padre estaba a punto de rendirse. Luego se enteró de que iba hasta un chico de San Martino. Entonces se animó y fue a ver.

El bosque

Cuando volvió, vi que me había comprado una linterna para caminar de noche, una fiambrera para la comida y unas botas de goma para la nieve.

El primer día me acompañó él. Tardamos dos horas, porque tuvimos que abrirnos camino con el machete y la hoz. Luego me las arreglaba en poco más de una hora.

Pasaba junto a dos casas solitarias. Con los cristales rotos, abandonadas recientemente. A ratos echaba a correr por una víbora, o por un loco que vivía solo en La Roca y me llamaba desde lejos.

Tenía once años. Usted se hubiera muerto de miedo. ¿Lo ve?, cada uno tiene sus timideces. Así que estamos empatados.

Pero solo si cada uno está en su propia casa. O si usted necesitara examinarse con nosotros. Pero usted no lo necesita.

Las mesas

Barbiana, cuando llegué, no me pareció una escuela. Ni tarima, ni pizarra, ni pupitres. Solo grandes mesas en las que se aprendía y se comía.

De cada libro no había más que un ejemplar. Los chicos se apretujaban sobre él. Costaba trabajo darse cuenta de que uno de ellos era algo mayor y enseñaba.

El más viejo de aquellos maestros tenía dieciséis años. El más pequeño, doce, y me tenía admirado. Decidí desde el primer día que yo también iba a dar clases.

El preferido

La vida también era dura allí arriba. Disciplina y broncas como para perder las ganas de volver.

Pero quien no tenía base, o era lento o desganado, se sentía el preferido. Era acogido como acogéis vosotros al primero de la clase. Parecía que la escuela entera fuera solo para él. Mientras él no lo entendía, los demás no avanzaban.

El recreo

No había recreo. No había vacaciones ni tan siquiera el domingo.

A ninguno de nosotros le importaba mucho porque el trabajo es peor aún. Pero cada burgués que nos visitaba montaba una polémica sobre este punto.

Un profesor muy importante dijo: «Usted, reverendo, no ha estudiado pedagogía. Polianski dice que el deporte es para el muchacho una necesidad fisiopsico…».[3]

Hablaba sin mirarnos. Quien enseña pedagogía en la universidad no necesita mirar a los chicos. Se los sabe de memoria, como nosotros nos sabemos las tablas de multiplicar.

Por fin se marchó y Lucio, que tenía treinta y seis vacas en el establo, dijo: «La escuela siempre será mejor que la mierda».

Los campesinos en el mundo

Esta frase hay que grabarla encima de la puerta de vuestras escuelas. Millones de chicos campesinos están dispuestos a firmarla.

Que los muchachos odian la escuela y les gusta el juego lo decís vosotros. A nosotros, los campesinos, no nos lo habéis preguntado. Y somos mil novecientos millones.[4] Seis de cada diez chicos piensan exactamente como Lucio. De los otros cuatro no se sabe.

Toda vuestra cultura está construida así. Como si el mundo fuerais vosotros.

Chicos maestros

Al año siguiente ya era maestro. Es decir, lo era a media jornada durante tres días por semana. Enseñaba geografía, matemáticas y francés a los de primero de secundaria.

3 Polianski: no sabemos quién será, pero debe de ser un famoso educador.
Pedagogía: arte de educar a los chicos.
Fisiopsico…: mitad de un palabrón usado por aquel profesor y que no recordamos entero.

4 Hemos contado también en esa cifra a los que viven peor que los campesinos: cazadores, pescadores, pastores (*Compendium of Social Statistics*, ONU, Nueva York, 1963).

Para hojear un atlas o explicar las fracciones no hace falta una licenciatura.

Si me equivocaba en algo, la cosa no era grave. Era un alivio para los chicos. Buscábamos juntos. Las horas pasaban tranquilas, sin miedos ni complejos. Usted no sabe dar clase como yo.

Política o avaricia

Además, enseñando aprendía muchas cosas.

Por ejemplo, he aprendido que el problema de los demás es igual al mío. Salir de él todos juntos es la política. Salir solo, la avaricia.

Contra la avaricia no es que yo estuviera vacunado. Con los exámenes encima tenía ganas de mandar al diablo a los pequeños y estudiar para mí. Era un chico como los vuestros, pero allá arriba no se lo podía decir ni a los demás ni a mí mismo. Me tocaba ser generoso, aunque no lo fuera.

A vosotros os parecerá poco. Pero con vuestros chicos hacéis menos. No les pedís nada. Solo los invitáis a abrirse camino.

Los chicos del pueblo

Deformados

Cuando pusieron la secundaria en Vicchio, llegaron a Barbiana algunos chicos del pueblo. Todos suspensos, naturalmente.

A primera vista, para ellos no existía el problema de la timidez. Pero estaban deformados en otras cosas.

Por ejemplo, consideraban el juego y las vacaciones un derecho; la escuela, un sacrificio. Nunca habían oído decir que se va a la escuela para aprender y que ir es un privilegio.

Para ellos el maestro estaba al otro lado de la trinchera y convenía engañarle. Hasta trataban de copiar. Les hizo falta tiempo para comprender que no había notas.

El gallo

Los mismos trucos sobre el sexo. Creían que había que hablar de ello a escondidas. Si veían un gallo sobre una gallina, se daban codazos como si hubieran visto un adulterio.

Sin embargo, al principio era la única materia que los despertaba. Teníamos un libro de anatomía.[5] Se encerraban en un rincón a mirarlo. Dos de sus páginas estaban completamente estropeadas.

Más tarde descubrieron que también las otras son bonitas. Luego vieron que también lo es la historia.

Alguno ya no se ha detenido. Ahora le interesa todo. Da clase a los pequeños, se ha vuelto como nosotros.

A otros, sin embargo, habéis logrado quemarlos de nuevo.

Las niñas

De niñas del pueblo no vino ni una. Quizás por la dificultad del camino. Quizás por la mentalidad de los padres. Creen que una mujer puede vivir hasta con un cerebro de gallina. Los hombres no le piden que sea inteligente.

Esto también es racismo. Pero sobre este detalle no tenemos nada que reprocharos. A las niñas las queréis más vosotros que sus propios padres.[6]

Sandro y Gianni

Sandro tenía quince años. Metro setenta de altura, humillado, adulto. Los profesores lo tomaron por tonto. Querían que repitiese primero de secundaria por tercera vez.

5 Libro de anatomía: libro que usan los estudiantes de Medicina. Estudia el cuerpo humano pieza por pieza.

6 Por ejemplo, en 1962-63 en primero de secundaria aprobaron el 65,2% de los chicos y el 70,9% de las chicas. En segundo, el 72,9% de los chicos y el 80,5% de las chicas (*Anuario Estadístico de la Instrucción 1965*, p. 81).

Gianni tenía catorce años. Distraído, alérgico a la lectura. Los profesores lo juzgaron un delincuente. Y no andaban del todo equivocados, pero eso no es motivo para sacudírselo de encima.

Ninguno de los dos tenía intención de repetir. Ya solo aspiraban a algún taller. Vinieron a nosotros solo porque no hacemos caso de vuestros suspensos y ponemos a cada chico en la clase que le toca por su edad.

Pusimos a Sandro en tercero de secundaria y a Gianni en segundo. Fue la primera satisfacción escolar de su pobre vida. Sandro se acordará siempre. Gianni se acuerda un día sí y otro no.

La pequeña cerillera

La segunda satisfacción fue la de cambiar, por fin, de programa.

Vosotros los queríais tener parados en busca de la perfección. Una perfección que es absurda, porque el chico oye las mismas cosas hasta aburrirse y, mientras, crece. Las cosas siguen igual, pero él cambia. Se le vuelven infantiles entre las manos.

Por ejemplo, en primero les hubierais vuelto a leer, por segunda o tercera vez, *La pequeña cerillera* y aquello de «la nieve cae, cae y cae…».[7] En cambio, en segundo y tercero leen cosas escritas para adultos.

Gianni no sabía poner la hache en el verbo haber. Pero del mundo de los mayores sí sabía muchas cosas. Del trabajo, de las familias, de la vida del pueblo. Alguna noche iba con

7 *La pequeña cerillera:* cuento de Hans Christian Andersen, escritor danés del siglo XIX.

«La nieve cae, cae y cae…» *(«La neve fiocca fiocca fiocca»):* verso de una poesía de Giovanni Pascoli.

su padre a la sede del Partido Comunista o a las sesiones del Ayuntamiento.

Vosotros, con los griegos y los romanos, le habíais hecho odiosa la historia. Nosotros, con la última guerra mundial, le teníamos cuatro horas sin respirar.

En geografía le hubierais hecho estudiar Italia por segunda vez. Habría dejado la escuela sin haber oído nombrar el resto del mundo. Le habríais hecho un gran daño. Aunque solo fuese para leer el periódico.

No sabes expresarte

Sandro en poco tiempo se aficionó a todo. Por la mañana seguía el programa de tercero. Tomaba nota de las cosas que no sabía y por la tarde buscaba en los libros de segundo y primero. En junio, «el tonto» se presentó al diploma final de secundaria y tuvisteis que aprobarle.

Gianni fue más difícil. De vuestra escuela había salido analfabeto y odiando los libros. Por él hicimos acrobacias. Conseguimos que le gustara no digo todo, pero al menos alguna asignatura. Solo hacía falta vuestra felicitación y el paso a tercero. Ya nos hubiéramos ocupado nosotros de que le gustara también lo demás. Pero en el examen una profesora le dijo:

—¿Por qué vas a una escuela privada? ¿Ves como no sabes expresarte?

—...[8]

También lo sé yo que Gianni no sabe expresarse.

Démonos golpes de pecho todos. Pero primero vosotros, que le habíais echado de la escuela el año pasado.

¡Buen remedio el vuestro!

6 En este punto queríamos poner la palabra que nos vino a la boca ese día. Pero el editor no quiso imprimirla.

Sin distinción de lengua

Por otra parte, haría falta ponerse de acuerdo sobre qué es un lenguaje correcto. Las lenguas las crean los pobres y las van renovando hasta el infinito. Los ricos las cristalizan para poder fastidiar al que no habla como ellos. O para cargárselo en la escuela.

Vosotros decís que Pierino, el del médico, escribe bien. A la fuerza, habla como vosotros. Es de la empresa.

En cambio, la lengua que habla y escribe Gianni es la de su padre. Cuando Gianni era pequeño llamaba «lala» a la radio. Y su padre, serio, le corregía: «No se dice "lala", se dice "arradio"».

Ahora, si es posible, está bien que Gianni aprenda también a decir «radio». Vuestra lengua le podrá ser útil. Pero, mientras tanto, no podéis echarlo de la escuela.

«Todos los ciudadanos son iguales, sin distinción de lengua». Lo ha dicho la Constitución pensando en él.[9]

Marioneta obediente

Pero vosotros respetáis más la gramática que la Constitución. Y Gianni ya no ha vuelto ni siquiera con nosotros.

No podemos quedarnos tranquilos. Le seguimos de lejos. Hemos sabido que ya no va a la iglesia ni a la sede de ningún partido. Va al taller y barre. En los ratos libres sigue las modas como una marioneta obediente. El sábado al baile, el domingo al fútbol.

Vosotros de él no sabéis siquiera si existe.

9 Verdaderamente los diputados que hicieron la Constitución pensaban en los alemanes del Tirol del Sur (Alto Adige, Italia), pero sin querer también pensaron en Gianni.

El hospital
Este ha sido nuestro primer encuentro con vosotros. A través de los chicos que no queréis.

También nosotros hemos visto que con ellos la escuela resulta más difícil. A veces sentimos la tentación de quitárnoslos de en medio. Pero si los perdemos la escuela ya no es escuela. Es un hospital que cura a los sanos y rechaza a los enfermos. Se convierte en un instrumento de diferenciación cada vez más irremediable.

¿Y os atrevéis vosotros a desempeñar ese papel en el mundo? Entonces volved a llamarlos, insistid, empezad de nuevo una y otra vez desde el principio, aun a costa de pasar por locos.

Es mejor pasar por loco que ser instrumento del racismo.

Los exámenes

Las reglas de la escritura
En junio del tercer año en Barbiana me presenté al diploma final de secundaria como libre.

La redacción fue: «Hablan los vagones del tren».

En Barbiana había aprendido que las reglas de la escritura son: tener algo importante que decir y que sea útil para todos o para muchos. Saber a quién se escribe. Recoger todo lo que viene bien. Buscarle un orden lógico. Eliminar toda palabra inútil. Eliminar toda palabra que no usamos al hablar. No ponerse límites de tiempo.

Así escribo esta carta con mis compañeros. Así espero que escriban mis alumnos cuando yo sea maestro.

Tenéis la sartén por el mango
Pero ante aquella redacción, ¿de qué me servían las humildes y sanas reglas del arte de todos los tiempos? Si quería ser

honrado tenía que dejar la página en blanco. O bien criticar la redacción y a quien se la había puesto.

Pero tenía catorce años y venía de la montaña. Para empezar Magisterio era necesario el título de secundaria. Aquel papelucho estaba en manos de cinco o seis personas ajenas a mi vida y a casi todo lo que yo amaba y sabía. Gente desatenta que tenía la sartén por el mango.

Así que intenté escribir como queréis vosotros. Seguramente no lo logré. La verdad es que fluían mejor los escritos de vuestros señoritos, expertos como son en rizar el rizo y hacer refritos con frases hechas.

La manía de la trampa

El ejercicio de francés era un concentrado de excepciones.

Hay que suprimir los exámenes. Pero si los hacéis, al menos sed leales. Las dificultades hay que ponerlas en la misma proporción que aparecen en la vida. Si ponéis de más es que tenéis la manía de la trampa. Como si estuvierais en guerra con los chicos.

¿Quién os lo manda? ¿Es por su bien?

Lechuzas, guijarros y abanicos

Por su bien no. Aprobó con un nueve un chavalín que en Francia no sabría preguntar ni dónde está el váter.

Solo sabía pedir lechuzas, guijarros y abanicos, tanto en plural como en singular.[10] Se sabrá en total unas doscientas palabras, escogidas por el hecho de ser excepciones, no por ser frecuentes.

10 Lechuzas, guijarros y abanicos: estas tres palabras en francés son más difíciles que las demás. Los profesores chapados a la antigua las hacen aprender de memoria desde los primeros días de clase.

El resultado fue que también odiaba el francés como se podrían odiar las matemáticas.

El para qué

Yo he aprendido idiomas con grabaciones. Sin darme cuenta siquiera, he aprendido primero las cosas más útiles y frecuentes. Exactamente igual que se aprende el italiano.

Ese verano estuve en Grenoble lavando platos en un restaurante.[11] Enseguida me encontré a mis anchas. En los albergues juveniles me comuniqué con chicos de Europa y de África.

He vuelto decidido a aprender lenguas por un tubo. Muchas lenguas mal, mejor que una bien. Con tal de poder comunicarme con todos, conocer personas y problemas nuevos, reírme de las sagradas fronteras de las patrias.

Los medios

En los tres años de secundaria, estudiamos dos lenguas en vez de una: francés e inglés. Teníamos vocabulario suficiente para mantener cualquier conversación.

Siempre y cuando uno no se fije en algunos errores de gramática. La gramática casi no se usa más que para escribir. Para leer y hablar no hace falta. Luego, poco a poco te suena. Más tarde, quien quiera la puede estudiar.

Por lo demás, así se hace con nuestra propia lengua. La primera lección de gramática se recibe después de ocho años de hablar. Después de tres años de leer y escribir.

Los nuevos programas os aconsejan también las grabaciones. Pero las grabaciones sirven en una escuela a tiempo

11 Grenoble: ciudad de Francia.
Albergues *(ostelli):* albergues juveniles.

completo donde los idiomas se aprenden por diversión en las horas de cansancio. Un par de horas al día, siete días por semana. No tres horas a la semana como vosotros.

En esas condiciones es mejor no usarlos.

Los castillos del Loira

En los exámenes orales hubo una sorpresa. Vuestros chavales parecían pozos de cultura francesa. Por ejemplo, hablaban con seguridad de los castillos del Loira.[12]

Más tarde supimos que no habían hecho otra cosa en todo el curso. Además, tenían en el programa algunas canciones y las sabían leer y traducir.

Si hubiera aparecido un inspector, ellos hubieran quedado mejor que nosotros. El inspector no se sale del programa. Aunque vosotros y él sabéis que ese francés no sirve para nada. Entonces, ¿por quién lo hacéis? Vosotros, por el inspector. Él, por el director provincial. Y este, por el ministro.

Es el aspecto más desconcertante de vuestra escuela: vive para sí misma.

Arribistas a los doce años

También es un misterio la motivación de vuestros chavales. Quizás no exista, quizás sea una vulgaridad.

Día tras día estudian por el expediente, por la cartilla de notas y por el título. Y mientras, se distraen de las cosas bonitas que estudian. Lenguas, historia, ciencias, todo se convierte en una nota y nada más.

Detrás de esas hojas de papel no hay más que interés individual. El título es dinero. Ninguno de vosotros lo dice, pero aprieta, aprieta y la sustancia es esa.

12 Loira: río de Francia.

Para estudiar a gusto en vuestras escuelas habría que ser ya arribistas a los doce años.

A los doce años los arribistas son pocos. Tanto es así que la mayoría de vuestros chavales odian la escuela. Vuestra vulgar invitación no merecía otra respuesta.

El inglés

En la clase de al lado había una sección de inglés. El colmo del engaño.

Ya sé que el inglés es más útil. Pero si se aprende, no si solo se empieza, como hacéis vosotros. ¡Menudas lechuzas y guijarros! No sabían decir ni buenas tardes. Y desanimados para siempre.

La primera lengua extranjera es un acontecimiento en la vida de un alumno. Debe ser un éxito, ¡ay, si no!

Nosotros hemos visto que en la práctica solo es posible con el francés. Cada vez que aparecía un visitante extranjero que hablaba francés, había algún chaval que descubría la alegría de entender. Esa misma tarde se le veía coger los discos de una tercera lengua.

Lo más importante ya lo tenía: interés, certeza de que es posible llegar al fondo y la mente ya iniciada en los problemas lingüísticos.

Matemáticas y sadismo

El problema de geometría hacía pensar en una escultura moderna de la Bienal: «Un sólido está formado por una semiesfera superpuesta a un cilindro, cuya superficie es tres séptimos de aquella…».

No existe un instrumento que mida las superficies. Así que en la vida no puede ocurrir nunca que conozcamos las superficies y no las dimensiones. Un problema así solo puede nacer en la mente de un enfermo.

Etiquetas nuevas

Con la nueva Escuela Media[13] estas cosas ya no se verán. Los problemas partirán de «consideraciones de carácter concreto».

De hecho, Carla ha tenido en el examen final un problema moderno a base de calderas: «Una caldera tiene la forma de una semiesfera superpuesta...». Y de nuevo se parte de las superficies.

Es mejor un profesor de la vieja escuela que uno que cree ser moderno porque ha cambiado las etiquetas.

Una clase de bobos

El nuestro era de la vieja escuela. Entre otras cosas, sucedió que ninguno de sus muchachos logró resolver el problema. De los nuestros, se las arreglaron dos de los cuatro. Resultado: veintiséis suspensos de veintiocho.

¡Luego iba diciendo por ahí que le había tocado una clase de bobos!

El sindicato de padres

¿Quién tenía que pararle los pies?

Lo podía hacer el director o el claustro de profesores. No lo hicieron.

Podían hacerlo los padres. Pero mientras tengáis la sartén por el mango, los padres estarán callados. Entonces, o quitaros el mango de la sartén (notas, cartillas, exámenes) u organizar a los padres.

Un buen sindicato de padres y madres capaz de recordaros que os pagamos nosotros y os pagamos para servirnos, no para echarnos a la calle.

13 Se refiere a la ley de 1962 que unificó para todos los italianos las cinco clases de Elemental (primaria) y las tres de Media (secundaria) y entró en vigor el curso 1963-64, ya sin el latín para todos. *(N. del T.).*

En el fondo os vendría bien. Quienes no reciben críticas envejecen mal. Se salen de la historia que vive y progresa. Se convierten en esas pobres criaturas que sois vosotros.

El periódico

La historia de este medio siglo era la que mejor me sabía. Revolución rusa, fascismo, guerra, *Resistenza,* liberación de África y de Asia. La historia que han vivido mi abuelo y mi padre.

También sabía bien la historia en que yo vivo. Es decir, el periódico que leíamos en Barbiana todos los días en voz alta, de cabo a rabo.

Con los exámenes encima, cada cual se arranca de su propia avaricia dos horas de clase gastadas en el periódico. Porque nada del periódico sirve para vuestros exámenes. Es la prueba de que hay poco en vuestra escuela que sirva para la vida.

Precisamente por eso hay que leerlo. Es como gritaros a la cara que un asqueroso título no ha logrado transformarnos en bestias. Solo lo queremos por nuestros padres. Pero política y crónica, es decir, los sufrimientos de los demás, valen más que vosotros y que nosotros mismos.

La Constitución

Aquella profesora se había parado en la Primera Guerra Mundial. Exactamente en el momento en que la escuela podría enlazarse con la vida. Y en todo el año jamás leyó un periódico en clase.

Debieron quedársele grabados en los ojos los carteles fascistas: «Aquí no se habla de política».

Una vez, la madre de Giampiero le dijo a su marido:

—Pues me parece que el niño desde que va a los repasos del Ayuntamiento ha mejorado mucho. Por la noche en casa le veo leer.

—¿Leer? ¿Sabe qué lee? ¡La Constitución! El año pasado tenía en la cabeza las chicas y este año, la Constitución.

La pobre mujer pensó que era un libro sucio. Por la noche quería que el padre le sacudiera a Giampiero.

Monti

Esa misma profesora, en italiano, preguntaba a toda costa las raras fábulas de Homero. ¡Si al menos hubiera sido Homero! Era Monti.[14]

En Barbiana no lo habíamos leído. Solo una vez, en broma, cogimos el texto griego y contamos las palabras de un canto. ¡Ciento cuarenta y una por cada cien! De cada tres palabras, dos son de Homero y una es parto de la cabecita de Monti.

Y Monti, ¿quién es? ¿Alguien que tiene algo que decirnos? ¿Alguien que habla la lengua que necesitamos? Todavía peor: es alguien que escribía una lengua que no se hablaba ni siquiera en su tiempo.

Un día, estaba yo enseñando geografía a un chavalín recién echado de vuestra secundaria. No sabía nada de nada, pero para decir Gibraltar decía Columnas de Hércules.[15]

¿Se lo imagina en España pidiendo un billete en la taquilla de una estación de tren?

Jerarquía de urgencias

Cuando hay pocas horas de escuela, hay que hacer el programa atendiendo solo a las urgencias.

Pierino, el del médico, tiene tiempo hasta de leer novelas. Gianni, no. Se os ha escapado de las manos a los quince años.

14 Homero: antiguo poeta griego autor de la *Ilíada* y la *Odisea*. Vincenzo Monti: poeta del siglo XIX. Tradujo la *Ilíada* al italiano.

15 Columnas de Hércules: los poetas antiguos llamaban así al estrecho de Gibraltar. Es el paso entre el mar Mediterráneo y el océano Atlántico.

Está en un taller. No tiene necesidad de saber si ha sido Júpiter el que ha parido a Minerva o al revés.[16]

En su programa de italiano entraba mejor el convenio de los obreros del metal. Usted, señora, ¿lo ha leído? ¿No le da vergüenza? Es la vida de medio millón de familias.

Que sois cultos, eso lo decís vosotros. Todos habéis leído los mismos libros. No hay nadie que os pregunte algo distinto.

Chicos infelices

En los exámenes de gimnasia, el profesor nos echó un balón y nos dijo: «Jugad al baloncesto». Nosotros no sabíamos. El profesor nos miró con desprecio: «Pobres chicos». Igual que vosotros. La habilidad en un rito convencional le parecía importante. Le dijo al director que no teníamos educación física y quería dejarnos para septiembre. Cada uno de nosotros era capaz de subirse a un roble. Arriba, soltarse de manos y cortar a hachazos una rama de un quintal. Luego, arrastrarla por la nieve hasta la puerta de casa, a los pies de su madre.

Me han hablado de un señor en Florencia que sube a su casa en ascensor. Luego se ha comprado otro artefacto caro y hace como que rema. Vosotros en educación física le daríais un diez.

Latín en el valle de Mugello

Naturalmente, de latín sabíamos poco. Hacía dos años que el Congreso lo había enterrado.[17] Precisamente ese año habían dejado de exigirlo en Cambridge y en Oxford.[18]

16 Júpiter y Minerva: Los antiguos griegos creían o simulaban creer en los dioses. Entre otras cosas, contaban que un varón (de nombre Júpiter) había parido una niña (de nombre Minerva).

17 La ley que establece en Italia la nueva Escuela Media es de diciembre de 1962.

18 Cambridge y Oxford: antiguas universidades inglesas reservadas a los señores. Hasta hace poco, allí no podía entrar quien no supiera latín.

Pero los campesinos del Mugello tenían que saberlo todo. Los profesores pasaban entre los bancos, solemnes como sacerdotes. Custodios de la antorcha apagada.

Se me saltaban los ojos al ver a aquella gente extraña. Nunca me había encontrado nada igual.

La nueva secundaria

En vuestras manos

Hemos leído la ley y los programas de la nueva enseñanza secundaria.

La mayoría de las cosas allí escritas nos parecen bien. Además, la nueva secundaria ya existe, es única, obligatoria y no ha gustado a las derechas. Es un hecho positivo.

La única pena es saberla en vuestras manos. ¿Volveréis a hacerla clasista como la otra?

El horario

La antigua secundaria era clasista principalmente por el horario y el calendario. La nueva no los ha cambiado. Sigue siendo una escuela hecha a la medida de los ricos. De quienes tienen la cultura en casa y solo van a la escuela para cosechar títulos.

Pero hay un hilo de esperanza en el artículo 3. Establece un *doposcuola*[19] de diez horas semanales por lo menos.

19 *Doposcuola* significa literalmente «después de la escuela» para referirse a las clases vespertinas de apoyo, o compensatorias, a cargo de la propia escuela (o de Ayuntamientos y voluntarios). Ha arraigado mucho en Italia, donde la escuela es solo matutina de lunes a sábado. Mantenemos *doposcuola* para evitar el equívoco con otras propuestas, incluso legales, contra el fracaso y el abandono escolar (diversificación, permanencias, recuperación, compensatoria, etcétera). *(N. del T.).*

A continuación, el mismo artículo os ofrece la escapatoria para no hacerlo: el *doposcuola* será establecido «previa verificación de las posibilidades locales». Así que la cosa sigue en vuestras manos.

Realización

En el primer año de la nueva secundaria las recuperaciones estatales han funcionado en quince municipios de los cincuenta y uno de la provincia de Florencia.

En el segundo año, han funcionado en seis municipios, llegando al 7,1% de los chicos. El año pasado, en cinco, el 2,9% de los chicos.[20]

Del *doposcuola* de algunos municipios ya no queda nada.[21] No podéis acusar a los padres. Han comprendido que no os interesa. Si no, tan serviles como son, os hubieran enviado los chicos no solo a los repasos, sino a la cama.

Contrarios

Antes de reanudar el *doposcuola* municipal, el alcalde de Vicchio pidió el parecer de los maestros estatales. Llegaron quince cartas. Trece en contra y dos a favor. El motivo más frecuente era que si el *doposcuola* no se hace bien, es mejor no hacerlo.

Los chicos del pueblo andaban por los bares y por la calle. Los campesinos, en el campo. Frente a esta situación, el *doposcuola* jamás puede fallar. Es bueno todo. Es bueno hasta ese aborto que vosotros llamáis escuela.

20 «La nueva Escuela Media al final del primer trienio», Oficina de Estudios de la provincia de Florencia, junio de 1966.

21 «... tras alguna valiente experiencia de los años pasados, irrepetible por la actitud negativa de la autoridad correspondiente, ya no existe ningún *doposcuola* municipal» (*ibidem,* p. 5).

Si sois contrarios al *doposcuola,* os aconsejo que no lo demostréis. La gente es maliciosa. Podría pensar que dais clases particulares a los señoritos.

Sudáfrica

Otros odian la igualdad.

Un director de Florencia le ha dicho a una señora: «No se preocupe, mándemelo. La mía es la secundaria menos unificada de Italia».

Engañar al pueblo soberano es fácil. Basta reunir en una sección a los «niños bien». No importa si se los conoce personalmente o no. Se miran notas, edad, lugar de residencia (campo, ciudad), lugar de origen (norte, sur), profesión del padre, recomendaciones…

Así, convivirán en la misma escuela dos, tres o cuatro secundarias distintas. La A es la «antigua secundaria». La que funciona bien. Los mejores profesores se la disputan.

Ciertos padres tratan de meter a su hijo en ella. La B es algo inferior, y así sucesivamente.

El deber de los codazos

Toda gente honorable. El director y los profesores no lo hacen por ellos, sino por la Cultura.

Tampoco esos padres lo hacen por ellos. Lo hacen por el Porvenir del niño.

Abrirse camino a codazos no está bien, pero si se hace por él se convierte en un deber sagrado. Se avergonzarían de no hacerlo.

Desarmados

Los padres más pobres no se mueven. Ni siquiera sospechan que existan esas cosas. Hasta se sienten conmovidos. En su tiempo no había en el campo más que tres cursos.

Si las cosas no marchan será porque el niño no sirve para los estudios. «Lo ha dicho el Profesor. ¡Qué persona tan educada! Me ha dicho "siéntese, por favor", me ha enseñado su ficha, un trabajo lleno de rayas azules. No nos ha salido inteligente. Paciencia. Irá al campo como nosotros».

Estadística

A escala nacional

Llegados a este punto, usted dirá que nos ha tocado examinarnos en escuelas particularmente nefastas. Que, encima, las noticias que nos han llegado de fuera son todas tristes. Que usted conoce decenas de casos, tan verdaderos como los nuestros, que demuestran lo contrario.

Entonces hagamos lo siguiente: dejémonos todos de posturas demasiado pasionales y descendamos al terreno científico.

Volvamos a empezar nuestro relato, pero esta vez con cifras.

Inútil para los estudios

La tarea de las estadísticas la ha asumido Giancarlo. Tiene quince años. Es otro de los chavales del pueblo que habéis calificado de inútil para los estudios.

Con nosotros le va bien. Por ejemplo, hace cuatro meses que se ha sumergido en estas cifras. No le parecen áridas ni las matemáticas.

El milagro educativo que hemos operado en él tiene una receta bien clara.

Le hemos ofrecido estudiar por un noble objetivo: sentirse hermano de 1.031.000[22] repetidores como él y disfrutar las alegrías de su venganza y la de ellos.

22 Cifra total de tepetidores en la escuela obligatoria el año escolar 1963-64.

El profesor presumido

Decenas de anuarios estadísticos, decenas de escuelas visitadas, otras conocidas por correspondencia, viajes al ministerio y al ISTAT para los datos que faltaban, jornadas enteras con la calculadora.[23]

Otros habrán hecho trabajos parecidos antes que nosotros. Pero son esos pobrecillos que luego no saben traducir los resultados al lenguaje de cada día.

Nosotros no los hemos leído. Vosotros, los profesores, tampoco.

Así que ninguno de vosotros tiene una idea clara de lo que sucede en la escuela.

Se lo hicimos notar a un profesor que vino a visitarnos. Se ofendió muchísimo: «Hace trece años que enseño. He conocido millares de chicos y de padres. Vosotros veis las cosas desde fuera. No estáis dentro de los problemas de la escuela».

Entonces está dentro él, que solo ha conocido chavales ya seleccionados. Cuantos más conoce, más torcido ve.

Gianni son millones

La escuela no tiene más que un problema. Los chicos que pierde.

Vuestra «enseñanza obligatoria» pierde por el camino 462.000 estudiantes al año. En este plan, los únicos incapaces para la escuela sois vosotros, que los perdéis y no volvéis a buscarlos. No nosotros, que los encontramos en los campos y en las fábricas y los conocemos de cerca.

Los problemas de la escuela los ve la madre de Gianni, aunque no sepa leer. Los comprende quien lleva en el corazón a un chaval repetidor y tiene la paciencia de mirar las estadísticas.

23 ISTAT: Instituto Central de Estadística.

Entonces las cifras se ponen a gritar contra vosotros. Dicen que hay millones de Giannis, y que vosotros sois estúpidos o malos.

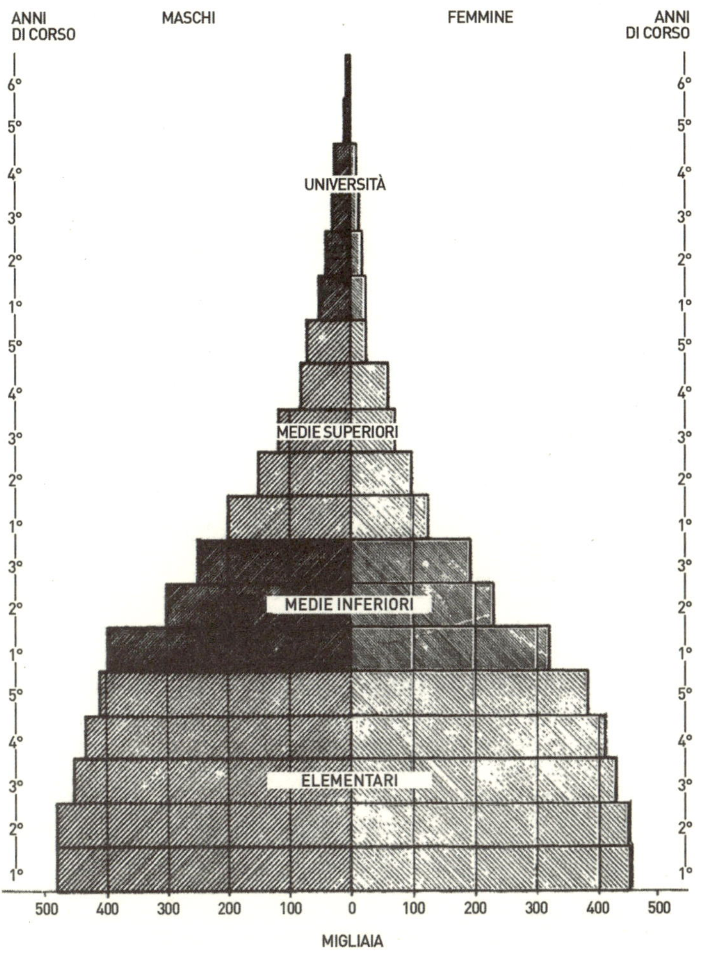

La pirámide

En este texto, reducimos las tablas estadísticas a la escala humana. Al tamaño de una clase que se abarca de un vistazo cariñoso.[24]

La pirámide hemos preferido ponerla en la página anterior.[25] Es un símbolo que se graba en los ojos.

De la primaria [*elementari*] hacia arriba, parece cortada a hachazos. Cada golpe es una criatura que va a trabajar antes de ser igual [chicos a la izquierda y chicas a la derecha].

Tras 1951

Pero la pirámide tiene el defecto de poner en un mismo papel a chavales desde los seis hasta los treinta años. Culpas viejas y nuevas.

Trataremos entonces de seguir una misma promoción de chicos a lo largo de los ocho cursos obligatorios.

Como no tenemos datos más recientes, seguiremos la promoción del 51.[26]

Primero de primaria

Entramos el 1 de octubre en un primero de primaria. Hay treinta y dos chicos. Al verlos, parecen todos iguales. En realidad, ahí dentro ya hay cinco repetidores.

24 Es decir, hemos imaginado un primero de primaria de 1957-58 de 32 alumnos. Esto es, 29.900 veces menor que el real. También las cifras siguientes están a escala 1:29.900.

25 Los datos para dibujar la pirámide están sacados del Anuario Estadístico de la Instrucción 1965.

26 La promoción del 52 hubiera sido mejor porque es la que inauguró la Nueva Media [secundaria]. Faltan todavía demasiados datos para poderla estudiar a fondo. Por ahora, una comparación entre las dos secundarias solo es posible en primero. Es lo suficiente para demostrar que no ha cambiado nada sustancial. En primero del curso 62-63 (Vieja Media) repitieron el 33,3%. En el primero del curso 63-64 (Nueva Media), el 28,2%.

A los siete años, con el babi y el lazo, ya están señalados con la marca del retraso que pagarán caro en secundaria.

Ganancia perdida

Antes de empezar ya faltan tres niños. La maestra no los conoce, sin embargo, ya han estado en la escuela. Han probado el primer cate y no han vuelto.

Si hubieran vuelto, estarían con ella. En cierto sentido los ha perdido. Igual que se llama pérdida a una ganancia no lograda.

También en las siguientes clases se repetirá el mismo hecho. Si fuéramos malos podríamos contaros todos los años el doble de chicos perdidos: los que habéis echado vosotras y los repetidores que os faltan.

Si fuerais buenas, los contaríais vosotras.

El absentismo

No contamos a quienes nunca han venido a la escuela. No existen datos a escala nacional. Parece que son pocos. Por ejemplo, aquí en el Mugello, Giancarlo no ha encontrado ninguno.

De todos modos, no tendríamos nada que reprocharos por ellos. La culpa sería de otros.

Sobre todo de los párrocos, que tienen presente a todo el pueblo y pueden convencer a los padres o denunciarlos.

Los repetidores

En junio, la maestra hace repetir a seis chicos.[27] Desobedece la ley del 24 de diciembre de 1957 que la invita a llevarlos

27 Hemos visto que la promoción del año anterior tuvo ocho repetidores (tres «suspendidos» más cinco repetidores). La diferencia se debe al menor número de nacidos en 1951 y de repetidores en el curso 57-58. En el texto, para simplificar, también llamamos repetidores a los chicos que abandonaron durante el año.

consigo durante los dos años del primer ciclo.[28] Pero la maestrita no acepta órdenes del pueblo soberano. Se los carga y se marcha a la playa.

Disparar a un matorral

Hacer repetir es como disparar a un matorral. Tal vez era un chico, tal vez una liebre. Ya se verá.

Hasta el mes de octubre siguiente no sabéis lo que habéis hecho. ¿Se va a trabajar o repite? Y si repite, ¿le hará bien o mal? ¿Se armará con una base para avanzar mejor o se hará mayor de mala manera con programas inadecuados para él?

Segundo curso

En octubre, la maestra todavía se encuentra en segundo con treinta y dos chicos.[29] Ve veintiséis caras conocidas y le parece que vuelve a estar entre sus queridos chavales.

Luego, ve a seis chicos nuevos. Cinco son repetidores. Uno de ellos ya ha repetido dos veces. Tiene casi nueve años. El sexto chaval nuevo es Pierino, el del médico.[30]

28 La escuela primaria se divide en dos ciclos: el primero comprende el primer y segundo curso, y el segundo ciclo abarca los cursos tercero, cuarto y quinto.

«El docente no admite un alumno a la clase siguiente del mismo ciclo, solo en casos excepcionales (número significativo de ausencias, discapacidades psicofísicas), y sobre ellos entrega por escrito en cada caso un informe motivado al director didáctico». En los cinco primeros años de aplicación de la ley, los repetidores de primero han sido el 15,14%; los de segundo, el 16,88%. En una escuela que funciona bien, como la de Vicchio (clases diferenciales, etcétera), los repetidores de primero bajan al 6,9% (1965-66).

29 De ahora en adelante podrá ser útil tener a la vista el dibujo de la p. 63.

30 En nuestro texto, Pierino simboliza a los treinta mil chicos que cada año pasan de curso.

[En Italia, se llama «doctor» al de cualquier especialidad, pero asumimos el uso hispano. *(N. del T.)*].

Pierino

Los cromosomas del doctor son potentes.[31] Pierino ya sabía escribir a los cinco años. No ha tenido necesidad de hacer primero. Entra en segundo a los seis años. Habla como un libro abierto.

Él también está señalado, pero esta vez con la marca de la mejor raza.

Pan amargo

De los seis chicos a los que ha suspendido, cuatro repiten primero. No se han perdido para la escuela, pero sí para la clase.

Puede que la maestra no se preocupe porque los sabe seguros en la clase de al lado. Puede que los haya olvidado.

Para ella, que tiene treinta y dos, un chico es una fracción. Para el chico, la maestra es mucho más. No ha tenido más que una y le ha echado.

Los otros dos no han vuelto a la escuela. Están trabajando en el campo. Todo lo que comemos tiene dentro un poco de su sudor analfabeto.

Las madres

En total, seis madres ya han aprendido lo que es vuestra escuela.

Cuatro se han visto con el niño arrancado de su clase y de sus amigos. Exiliado para madurar entre compañeros siempre más pequeños.

Dos se han visto con él en la calle para siempre.

Las madres no son santas. No ven más allá de su puerta. Es un gran defecto. Pero el niño está por dentro de la puerta. A él por lo menos no podrán olvidarlo nunca.

31 Cromosomas: esas cositas microscópicas por las que los hijos se parecen a los padres.

Curas y putas

Sin embargo, la maestra tiene la defensa de su escasa memoria de madre a media jornada. Quien falta tiene el defecto de que no se le ve. Haría falta una cruz o un ataúd en su mesa para recordarlo.

Pero en su puesto hay un nuevo chico. Un desgraciado como él. La maestra ya le ha cogido cariño.

Las maestras son como los curas y las putas. Se enamoran enseguida de las criaturas. Si luego las pierden, no tienen tiempo de llorar. El mundo es una familia inmensa. Hay muchas otras criaturas a quien servir.

Es bonito ver más allá de la propia puerta. Solo hay que estar seguro de no haber arrojado fuera a nadie con nuestras manos.

Fracciones de igualdad

Al final de la primaria, once chavales han dejado ya la escuela por culpa de las maestras.

«La escuela está abierta a todos. Todos los ciudadanos tienen derecho a ocho años de escuela. Todos los ciudadanos son iguales». Pero esos once, no.

Dos tienen cero de igualdad. Para firmar hacen una cruz. Uno tiene una octava parte de igualdad. Sabe firmar. Los otros tienen dos, tres, cuatro, cinco octavas partes de igualdad. Más o menos saben leer, pero no leen el periódico.

Subsidios familiares

Ni uno de ellos es hijo de señores. La cosa es tan clara que da risa.

Los campesinos no tenían hasta ahora subsidios familiares.[32] 54 liras diarias por cada hijo. Los obreros reciben 187.[33]

32 1 de enero de 1967.

33 En realidad, los subsidios son un poco más altos. Pero solo se cobran por los días laborales, mientras que los hijos de los pobres tienen el vicio de comer también los domingos.

No ha sido la maestra quien ha puesto las leyes. Pero sabe que existen. En cada suspenso ha puesto a los pobres en la tentación de irse. A los ricos no.

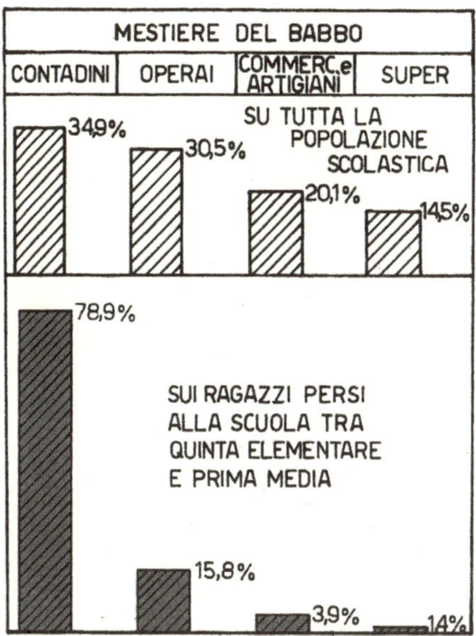

Campesinos

La tentación del trabajo pesa sobre los pobres en diversas edades, según sean campesinos u obreros.

Los once chicos que se han ido a trabajar durante los cinco años de primaria tenían de siete a catorce años.

La mayoría eran campesinos o gente que vive en casas aisladas donde siempre hay algún trabajo para un chaval pequeño.[34]

34 No hace falta probarlo. De todos modos, en la tabla de esta página [sobre el oficio del padre] se ve nuestro estudio en un municipio de la provincia de Florencia (cursos 63-64, 64-65, 65-66). En la categoría «súper» hemos puesto a los oficinistas (pequeños y grandes), docentes, profesionales, empresarios, dirigentes [y antes a los

Hombres antes de tiempo

El Estado se ha olvidado de ellos. Ya no los anota en el censo escolar ni todavía en el laboral.

Y sin embargo trabajan y, entre líneas de la ley, se ve que se sabe, pero no se dice.

La ley 29/1/1961 «Sobre la protección del trabajo de las mujeres y los adolescentes» prohíbe el trabajo antes de los quince años. No vale para la agricultura. Es justo. La raza inferior no tiene adolescentes. Todos somos hombres antes de tiempo.

El artículo 205 del texto único del Instituto Nacional de Seguridad por Accidentes de Trabajo (INAIL) establece que se paguen los accidentes laborales de los campesinos desde los doce años en adelante. Luego se sabe que trabajamos.

Misterio

A pesar de todas estas pérdidas, un solo vistazo a la pirámide ya honra a los maestros de primaria. La forma de pirámide no empieza hasta la secundaria.

De hecho, en primero la maestra tenía treinta y dos chicos. En quinto solo tiene veintiocho. Parece que no ha perdido más de cuatro.

La realidad es que ha perdido veinte.[35] Cómo es posible perder veinte de los treinta y dos y que todavía queden veintiocho es un misterio que hay que explicar.[36]

campesinos, obreros, comerciantes y artesanos. En el gráfico, en el apartado inferior, están en proporción con los desaparecidos al pasar de primaria a secundaria. *(N. del T.)*].

35 Este dato, como los demás, está tomado de las estadísticas a escala nacional. Por lo tanto es menor que el verdadero, porque allí no constan las migraciones internas (sur-norte, montaña-llanura, campo-ciudad).

36 El profesor Dino Pieraccioni, miembro del Consejo Superior de la Instrucción, declaró, el 15 de febrero de 1967, a un periodista: «... escaso nivel de preparación de los chicos en primaria, donde, como es sabido, ninguno o casi ninguno se ve obligado a repetir».

El lago

Pruebe a mirar un lago en el mapa. Parece mucha agua y, sin embargo, es exactamente la del río. Solo que va despacio. Pierde tiempo, ocupa mucho sitio. Luego vuelve a correr y se ve que es un río como antes.

El lago son las clases de primaria. Si un chico pasa siempre de curso, ocupa cinco mesas. Si repite, ocupa seis, siete, ocho... El benemérito Pierino ocupa solo cuatro.

Cuando dejéis de hacer repetir resolveréis también el problema de las plazas.

Nómadas

Para la maestra, los repetidores son basura que ha dejado caer finamente sobre sus compañeras. Pero quien la hace la paga. Por la izquierda le llega más o menos la misma cantidad.

En total, en cinco años han pasado por sus manos cuarenta y ocho chicos y entrega veintitrés.[37] Los veintinueve Giannis han pasado por su clase transversalmente, sin dejar huella. De los treinta y dos chicos que le confiaron en primero, le quedan diecinueve.

Prohibido envejecer

En los tres años de secundaria es cuando aparece el daño sufrido por los dieciocho desperdigados por las promociones siguientes. Han envejecido y envejecer está prohibido.

Cuando la enseñanza obligatoria duraba cinco años, la cosa era distinta. Seis más cinco son once. Antes de la edad laboral había tiempo para repetir dos o tres cursos.

37 11 a trabajar
+ 18 a repetir
29 perdidos para la clase

29 perdidos para la clase
+ 19 supervivientes de antes
48 pasan por sus manos

Pero ahora, seis más ocho, catorce. El contrato de trabajo se puede tener a los quince años.[38]

No hay plazo

Aparentemente hay todavía tiempo para repetir una vez. Pero hay que tener en cuenta el mes del nacimiento. El mayor de los chicos matriculados en primero regularmente es del mes de enero. Tiene seis años y nueve meses.

Contándolos de uno en uno, se descubre que tres cuartos de los chicos se inscriben en primero con más de seis años.[39] No pueden repetir ni una sola vez.

Ganas de suspender

Si la maestra se muere de ganas de hacer repetir, podría desahogarse con los hijos de los ricos.

Yo me pondría de acuerdo con los padres: «Pierino es pequeño, llegará inmaduro a las decisiones de la vida. ¿Qué le parece, doctor, si le paramos un curso?».

No veo la hora de llegar a ser maestro para darme este gustazo. A poder ser con un nietecillo suyo.

El inmaduro

Pero la maestra no piensa como yo. Pierino siempre pasa de curso. Qué raro. Tan joven como es. De hacer caso a los

38 Pero atención. Alguno también podría encontrar trabajo ilegalmente a los trece-catorce años. Y hasta «legalmente». En el año estudiado por nosotros había 129.000 chicos de diez a catorce años que trabajaban ¡con autorización especial! («Estudio nacional de las fuerzas de trabajo, 20 de octubre de 1962», ISTAT, 1963).

39 El dato está simplificado suponiendo que el número de nacimientos sea igual todos los meses y que todos matriculen a los chicos en primero en cuanto tengan la edad legal. A falta de un estudio nacional, hemos tratado de hacerlo en dos Ayuntamientos cercanos obteniendo cifras superiores a los tres cuartos (79% y 81%).

psicólogos, debería tener dificultades.[40] ¡Fuertes cromosomas los del doctor!

Pierino se ha encontrado en quinto de primaria con nueve años.[41] Ha vivido siempre con compañeros más maduros. No ha madurado, pero se ha entrenado para enfrentarse a los adultos. Será de los desenvueltos ante usted.

Sin embargo, Gianni ha estado siempre en la escuela con chavales más pequeños que él. Es un poco abusón con ellos, pero ante los adultos no abre la boca.

Primero de secundaria

En primero de secundaria hay veintidós chicos.[42] Para la profesora todos son caras nuevas. De los once perdidos ella no sabe nada. Hasta cree que no falta ninguno.

40 Primera prueba: Desde su admisión en segundo, Pierino ha pasado más fácilmente que los ordinarios. Por ejemplo, en el año 62-63 aprobaron el 87,6% de los ordinarios y el 96,9% de los libres. El fenómeno de la ventaja de los libres se repite durante toda la primaria. A partir de secundaria sucede lo contrario (*Anuario Estadístico Italiano 1965*, tablas 90 y 97).

Segunda prueba: El número de Pierinos no disminuye, sino que tiende a aumentar (se le añade alguno que salta un año). En segundo (59-60) hay 30.000 Pierinos. Cuatro años después, en primero de secundaria, 34.000.

Psicólogos: los que piensan que pueden estudiar de forma científica el alma humana.

41 Aquí y en la siguiente ilustración las edades se refieren a octubre. El reparto por edades está tomado de la «Distribución por edades de los alumnos de las escuelas elementales y medias», ISTAT, 1963.

42 Para que el cuadro de los chicos perdidos quede más claro mantenemos también en secundaria la escala 1:29.000. En realidad, en secundaria el número de unidades disminuye mucho y disminuirá todavía más. Por eso los profesores nunca ven clases tan pequeñas y no se hacen idea de la selección realizada.

A veces protesta: «Desde que vienen todos a la escuela, no hay quien dé clase. Llegan chicos analfabetos».

Ha estudiado mucho latín, pero no ha visto nunca un anuario estadístico.

El cartel

Y no le bastaría. Tiene que estudiarse las edades en las fichas del alumno. Hay carillas infantiles y cuerpos débiles que engañan.

En la oficina de empleo no te miran a la cara. Quien tiene la edad recibe la cartilla de trabajo. Se le puede escapar de la escuela de un momento a otro.

Lo mejor sería que cada chico llevara un gran cartel: «Tengo trece años. No me haga repetir».

Carnicería de viejos

Pero ninguno lleva cartel. Y los profesores no miran en los expedientes el año de nacimiento. Miran las notas.

Alguno puede que con buena fe. Hasta puede que se propusiera salvar a los más viejos. Pero luego, ante un ejercicio lleno de errores, ha olvidado todos los propósitos.

El hecho es que las repeticiones caen infaliblemente sobre los chicos más viejos. Los que tienen a mano el trabajo.

Sin embargo, pasan esos chavalines que van con su edad. No ha habido motivo para repetir en años anteriores. Tampoco lo hay ahora. Su casa no es precisamente como la de Pierino, pero está claro que le falta poco. La clase queda recortada así:[43]

43 En el dibujo de la página siguiente, las edades se refieren al final del año, por eso los Pierinos ya tienen once años y así los demás.

Carnicería de pobres

Al hacer repetir a los más viejos, los profesores han dañado también a los más pobres.

Hemos hecho un estudio de la profesión del padre de quienes han envejecido en primaria.

Los resultados se leen en la tabla [carnicería de pobres] que aparece a continuación:[44]

STRAGE DI POVERI

	IN ANTICIPO	IN REGOLA	IN RITARDO			
			1 anno	2 anni	3 anni	4 anni
SUPER	6,5%	86,6%	5,7%	0,9%		
COMMERCIANTI e ARTIGIANI	2,3%	74,7%	19,6%	2,5%		
OPERAI		65,4%	20,5%	9,2%	3,3%	
CONTADINI		54,9%	27,4%	9,4%	6,5%	1,3%

44 Los datos se refieren a 3º, 4º y 5º de primaria de 35 escuelas de la provincia de Florencia, Milán y Mantua por un total de 2252 chicos (cursos 1965-66, 1966-67).

Ganarse la paga

Gianni ya tiene catorce años y debería volver a empezar primero de secundaria.

En esta situación, continuar resulta casi absurdo. Aun pasando siempre de curso, acabaría la secundaria con diecisiete años.

El aburrimiento de la escuela es enorme. Es fácil encontrar trabajo.[45] Dentro de pocos meses será hasta legal.

Gianni ya sabe que trabajar no es algo bonito, pero tiene ganas tener un sueldo. Le fastidia que le echen en cara cada lira que gasta.

Hasta los padres cada vez insisten más débilmente. A ellos y al muchacho les haría falta una constancia que pocos tienen. Una pasión espontánea por los estudios y tan fuerte que no se deje tumbar por los fracasos.

Haría falta una mano por vuestra parte. La mano que le habéis tendido lo ha hecho rodar.

El verdulero

Seguramente sin intención. Seguro que también tiene culpa la maestra que os lo ha entregado tan viejo. También tendrá culpa el mundo y la tendrá también Gianni.

Pero cuando la profesora vea que un chaval la atiende en la verdulería, no me gustaría ser ella, que se lo cargó.

Bien distinto sería poderle decir: «¿Por qué no vuelves a la escuela? Te aprobé aposta para que volvieras. Sin ti la escuela no interesa».

45 Con las actuales normas sobre el aprendizaje (ley de enero de 1955) resulta conveniente contratar aprendices. En las zonas más desarrolladas van a buscar a los chicos hasta a su casa y puede que su padre, obrero, tenga dificultad para encontrar trabajo. Por ejemplo, en la provincia de Florencia, Prato alcanza dos máximos: de desarrollo industrial y de evasión de la obligación escolar (*cf.* «El cumplimiento de la obligación escolar», Oficina de Estudios de la Provincia de Florencia 1966).

Segundo de secundaria

En segundo, como faltan los chicos más mayores, la media de edad ha bajado. La distancia entre los Pierinos y el resto va disminuyendo.

Se puede decir que los suspensos envejecen las clases en primaria, porque muchos de ellos repiten. En secundaria las rejuvenecen, porque los más mayores encuentran trabajo.

El lugar de la casa

También socialmente se ha transformado la clase.

Tenemos un estudio hecho por unos amigos en un municipio cercano. Han tratado de dividir los repetidores de primero y segundo de secundaria en categorías sociales. Los resultados se leen en el gráfico siguiente:[46]

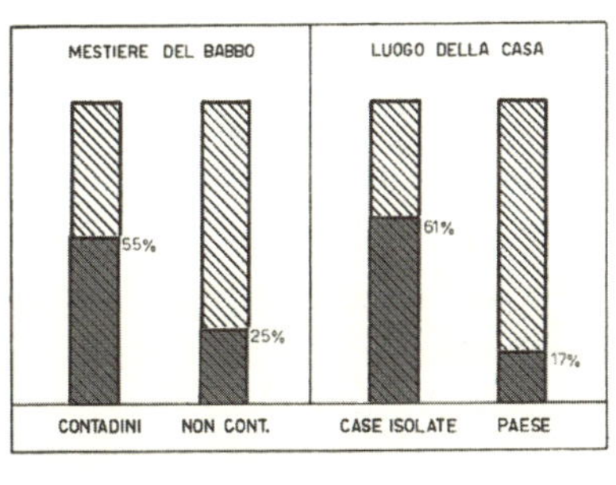

Un ejercicio para un cuatro

Cuando los profesores vieron esta tabla dijeron que era una injuria contra su honor de jueces imparciales.

46 Se clasifican como «del pueblo» las casas de las zonas más pobladas y dotadas de todos los servicios: agua, luz, carretera, comercio. Las clasificadas «aisladas» generalmente están en la falda del monte Morello y de la Calvana. [En la parte inferior, los rechazados, y en la superior, los aprobados. *(N. del T.)*].

La más furiosa decía que nunca había buscado ni tenido noticias sobre las familias de los chicos: «Si un ejercicio está para un cuatro, yo le pongo un cuatro». Y no comprendía, la pobrecilla, que se le acusaba precisamente de eso. Porque no hay nada tan injusto como tratar igual a quienes son desiguales.

¿De quién habla?

Ya sea por la edad o por la clase social, el caso es que en segundo de secundaria la profesora comienza a respirar. Le resulta más fácil acabar el programa.

No ve el momento de llegar a junio. Se librará de otros cuatro holgazanes y tendrá, por fin, una clase digna de ella.

«Cuando los cogí en primero eran verdaderos analfabetos. Ahora ya me hacen los deberes correctamente».

¿De quién habla? ¿Dónde están los chicos que cogió en primero? Solo quedan los que ya escribían correctamente entonces y, probablemente, también en tercero de primaria. Los que aprendieron en su familia.

Los analfabetos que tenía en primero todavía son analfabetos. Solo que se los ha quitado de encima.

Obligatoria

Y bien que lo sabe. Tanto, que en tercero elimina a pocos. A siete en primero, a cuatro en segundo y a uno en tercero. Justo lo contrario de lo que debía hacer.[47]

47 Por el motivo explicado en la nota 38, imaginamos pequeñísimas las clases de secundaria. Así da la impresión de que las profesoras hacen repetir menos que las maestras. Visto en porcentajes, la cosa es muy distinta. Repetidores en primero de primaria, el 15,4%; en segundo, el 18,1%; en tercero, el 12,9%; en cuarto, el 14,9%; en quinto, el 17,9%; en primero de secundaria, el 33,3%; en segundo, el 23,2%; y en tercero, el 5,1%.

En una enseñanza obligatoria, la obligación la hubiera cumplido llevándolos a todos hasta tercero de secundaria. En el examen del diploma final es cuando puede desahogar sus instintos selectivos.

No tendríamos nada que decir. Más aún, si el chico todavía no sabe escribir, hará bien en cargárselo.

Resumen

El dibujo que aparece a continuación es un cuadro resumen de los ocho años obligatorios.

La clase ha perdido cuarenta chicos. Dieciséis de ellos se fueron a trabajar antes de acabar la enseñanza obligatoria. Veinticuatro son repetidores. En total han pasado por la clase cincuenta y seis chicos. Al final solo quedan once de los treinta y dos chavales que entregaron a la maestra en primero de primaria.

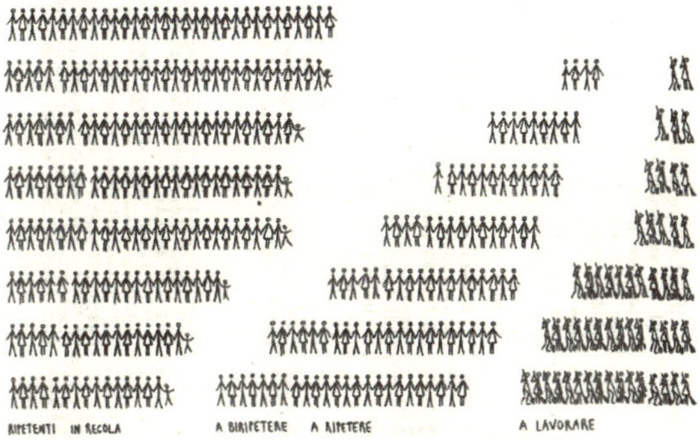

La profesión de papá

Llegados aquí haría falta un estudio de la profesión de los padres de los que acaban la secundaria. Pero el ISTAT no lo ha hecho. ¿Cómo iba a pensar que la enseñanza obligatoria hiciera distinciones de clase?

A cambio, ha estudiado la profesión de los padres de los diplomados en la Enseñanza Media Superior [bachilleres]. Los resultados se ven en el dibujo que aparece a continuación.[48] Son chavales que han pasado doce o trece años en vuestra escuela. Ocho de los cuales son de enseñanza obligatoria.

LA PROFESSIONE DI PAPÀ

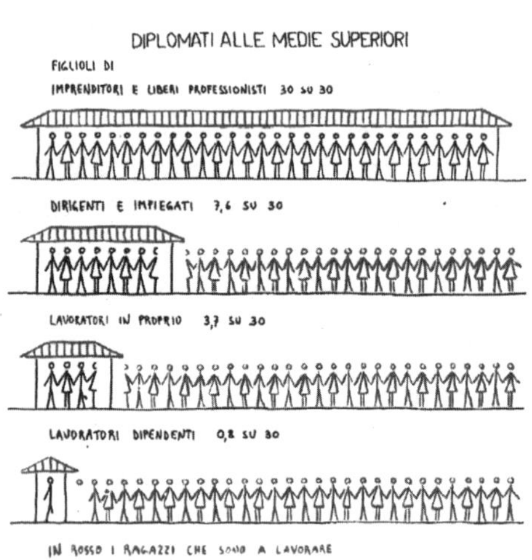

No es falta de dinero

Puede que alguno haya abandonado también por falta de dinero, sin que sea culpa vuestra. Pero hay obreros que mantienen al chico en la escuela diez u once años para tercero de secundaria.[49]

48 Hemos elegido la base 30 porque nos costaba trabajo dibujar cien chicos de cada. El dibujo supone que todos los hijos de empresarios y de profesionales liberales terminan la Enseñanza Media Superior. Los datos se han tomado del *Anuario Estadístico Italiano 1965*, tablas 13 y 103.

49 De los dieciséis chicos que hemos visto en tercero de secundaria, uno la ha terminado a los diecisiete años y dos a los dieciséis.

Han gastado lo mismo que el papá de Pierino, pero Pierino a esa edad ya tiene un título de bachillerato.

¿Nacidos diferentes?

Tontos y vagos

Según vosotros, hacéis repetir a los tontos y a los vagos.

Entonces afirmáis que Dios hace nacer a los tontos y a los vagos en las casas de los pobres. Pero Dios no hace estas ofensas a los pobres. Lo más probable es que los ofensores seáis vosotros.

Defensa de la raza

En la Asamblea Constituyente, quien defendió la teoría de las diferencias de nacimiento era un fascista: «El diputado Mastroianni, refiriéndose a la palabra "obligatorio", observa que hay alumnos que demuestran una insuficiencia de carácter orgánico para asistir a la escuela».[50]

También un director de secundaria ha escrito: «Por desgracia, la Constitución no puede garantizar a todos los chicos un mismo desarrollo mental, ni igual aptitud para el estudio, etcétera».[51] Pero de su hijo no lo diría nunca. ¿No le hará terminar la enseñanza obligatoria? ¿Lo mandará a cavar? Me han dicho que estas cosas suceden en la China de Mao. ¿Será verdad?

Hasta los señores tienen hijos difíciles. Pero los sacan adelante.

50 Asamblea Constituyente: Cámara de los Diputados desde 1946 a 1948. Además del trabajo normal, preparó el texto de la Constitución. La frase citada pertenece al artículo 34 de la Constitución (escuela obligatoria) en la Primera Subcomisión (sesión del 29 de octubre de 1946).

51 Carta firmada por el director y dieciocho profesores en respuesta al estudio referido en la página 61.

Los hijos de los demás
Solo los hijos de los demás nos parecen tontos a veces. Los nuestros, no. Estando cerca de ellos nos damos cuenta de que no lo son. Ni siquiera vagos. O, por lo menos, nos parece que será un momento, que se les pasará, que ha de haber un remedio.

Entonces es más honesto decir que todos los chicos nacen iguales y si luego ya no lo son, la culpa es nuestra y debemos remediarlo.

Eliminar los obstáculos
Es exactamente lo que dice la Constitución cuando habla de Gianni: Todos los ciudadanos son iguales ante la ley, sin distinción de raza, lengua, condiciones personales y sociales.

«Es obligación de la República eliminar los obstáculos de orden económico y social que, limitando de hecho la libertad y la igualdad de los ciudadanos, impiden el pleno desarrollo de la persona humana y la efectiva participación de todos los trabajadores en la organización política, económica y social del País» (artículo 3).

Era cosa vuestra

«Escurrebultos»
Una colega suya de secundaria (una sumisa mujercita que en primero ha rechazado a diez de los veintiocho, comunista ella y su marido, gente comprometida) nos hizo una objeción:

«Yo no los he echado, solo los hago repetir. Si sus padres no se preocupan de que vuelvan, peor para ellos».

El padre de Gianni
Pero el padre de Gianni se fue con doce años a trabajar con un herrero y ni siquiera acabó cuarto de primaria.

A los diecinueve, se fue de partisano. No comprendía bien lo que hacía pero, desde luego, lo comprendió mejor que vosotros. Confiaba en un mundo más justo que hiciera igual, por lo menos, a Gianni. Gianni, que en aquel momento ni siquiera había nacido.

Para él, el artículo 3 suena así: «Es obligación de la señora Spadolini eliminar los obstáculos…».

Por lo demás, hasta os paga bien. Él, que gana 300 liras por hora, a vosotros os da 4300.

Y está dispuesto a daros más con tal de que organicéis un horario un poco más decente. Él trabaja 2150 horas al año; vosotros, 522 (los exámenes no los cuento, no son horas de clase).[52]

Suplencia

Pero no puede eliminar los obstáculos él, que los tiene encima. Ni siquiera sabe qué disciplina necesita un chico en secundaria, cuánto tiempo debe estudiar, si conviene que se distraiga, si es verdad que estudiar da dolor de cabeza y «trinan los ojos», como dice Gianni.

Si pudiera hacerlo él solo, no os mandaría a Gianni a la escuela. A vosotros os corresponde sustituirle en todo: instrucción y educación. Son dos caras de un mismo problema.

52 El salario neto de un profesor de secundaria oscila entre un mínimo de 1.223.000 liras al año (primera clase salarial, primer nivel) y un máximo de 3.311.000 (cuarta clase salarial, decimoséptimo nivel). Las horas de clase oscilan entre un mínimo de 468 al año (lengua extranjera y matemáticas) y un máximo de 540. El salario mínimo se corresponde con un máximo de 2264 liras por hora. Horas mínimas con salario máximo: 7074 liras por hora. En el texto ofrecemos valores promedio, con datos actualizados hasta 1966. [En 1966, una novela en tapa dura costaba en Italia tres mil liras; cuando Milani fundó la escuela, un diccionario bilingüe italiano-francés/francés-italiano de dos mil páginas costaba tres mil liras. *(Nota del editor español)*].

Mañana, Gianni, si os encargáis de él, será un padre más capaz y colaborará de otra manera. Por ahora, su padre es como es. Lo poco que los señores le han concedido ser.

Las clases particulares

Si el pobre hombre se enterara, volvería a coger el fusil. Hay profesores que dan clases particulares cobrando. En lugar de eliminar los obstáculos, trabajan para aumentar las diferencias.

Por la mañana les pagamos nosotros para que den clase a todos por igual. Por la tarde cobran dinero a los más ricos para dar una clase diferente a los señoritos. En junio, a costa nuestra, se sientan en el tribunal y juzgan las diferencias.

El funcionario

No es que el padre de Gianni no sepa que existen las clases particulares. Lo que pasa es que habéis creado un clima en el que nadie dice nada. Parecéis honorables.

Si un empleadillo cualquiera del Ayuntamiento hiciera deprisa y bien los certificados en su casa por un alto precio, y en cambio, en la ventanilla, los hiciera despacio e inservibles, iría a la cárcel.

Imagínese si encima susurrara al público: «Aquí tendrá usted los certificados tarde e inservibles. Le aconsejo que vaya a alguien que los haga en su casa previo pago». Iría a la cárcel.

Pero no va a la cárcel un profesor que sé que dijo a una madre: «No puede con ello. Mándelo a clases particulares». Lo ha dicho literalmente así. Tengo testigos. Podría llevarlo al tribunal.

¿Al tribunal? ¿A un juez, cuya mujer da clases particulares? Además, en el Código Penal, quién sabe por qué, este delito no está previsto.

Las cebollas

Todos estáis de acuerdo. Nos queréis aplastar. Pues hacedlo, pero al menos no finjáis ser honestos. ¡Qué fácil es ser honestos con un código escrito por vosotros a vuestra medida!

Un viejo amigo mío ha robado cuarenta cebollas en un huerto. Le han caído trece meses de cárcel sin reducción. El juez no roba cebollas. Mucho trabajo. Dice a la criada que se las compre. El dinero para las cebollas y para la criada lo gana su mujer con las clases particulares.

Mejor los curas

Ciertos colegios de curas son más honrados. Son instrumento de la lucha de clases y no lo ocultan a nadie. En los barnabitas de Florencia, el coste de un mediopensionista es de cuarenta mil liras al mes. En los escolapios, de treinta y seis mil.

Por la mañana y por la tarde al servicio de un solo amo. No sirviendo a dos amos, como vosotros.

La libertad

El otro obstáculo que no quitáis son las modas.

Un día, a propósito de la televisión, nos dijo Gianni: «Nos dan estas cosas. Si nos dieran la escuela, iríamos a la escuela». Con ese sujeto impersonal quería decir la sociedad, el mundo, algo indefinido que guía las preferencias de los pobres.

Nosotros lo insultamos a muerte: «Tenías dos escuelas y las has dejado». Pero, entre nosotros, ¿es verdad que ha elegido libremente?

En el pueblo pesan sobre él todas las modas, menos las buenas. Quien no las acepta, se aísla. Haría falta un coraje que él no puede tener, tan joven, inculto, sin ayuda de nadie. Ni de su padre, que peca de lo mismo. Ni del párroco, que vende diversiones en el bar de las ACLI.[53] Ni de los comunistas, que venden diversiones en la Casa del Pueblo. Compiten para ver quién lo arrastra más abajo.

Como si no bastaran las ganas que llevamos dentro.

Las modas

Las modas le han dicho que de los doce a los veintiún años es la edad de los juegos deportivos y sexuales, la edad del odio al estudio.

Le han ocultado que de los doce a los quince años es la edad adecuada para apropiarse de la palabra. De los quince a los veintiuno, para usarla en los sindicatos y en los partidos.

Le han ocultado que no hay tiempo que perder. A los quince años, adiós escuela. A los veintiuno se acerca la edad de pensar en lo privado: noviazgo, matrimonio, hijos, bienestar. Entonces ya no habrá tiempo para las reuniones, tendrá miedo de exponerse, ya no podrá entregarse del todo.

La defensa de los pobres

La única defensa de los pobres contra las modas podríais ser vosotros. El Estado os da ochocientos mil millones al año con ese fin.[54]

Pero sois unos educadores bien miserables que ofrecéis ciento ochenta y cinco días de vacaciones contra ciento ochenta de escuela. Cuatro horas de escuela contra doce sin escuela. Un imbécil de director que entra en clase y dice: «El director provincial ha concedido vacaciones también el 3 de noviembre», escucha un grito de alegría y sonríe complacido.

53 Asociaciones Cristianas de Trabajadores Italianos. *(N. del T.).*

54 *Relación general sobre la situación económica del país en 1965*, vol. II, p. 495. La cifra se refiere solo a la escuela obligatoria.

¿Habéis presentado la escuela como un mal y pretendéis que los chicos la amen?

Abracémonos todos

En Borgo, el director ha concedido un aula a los chicos de tercero de secundaria para hacer un baile con las compañeras. Los salesianos, para no ser menos, organizan un desfile de disfraces. Un profesor que conozco se deja ver con la *Gazzetta dello Sport* en el bolsillo.

Son hombres llenos de comprensión hacia las exigencias de los jóvenes. Por lo demás, es muy cómodo aceptar el mundo así como es. Un maestro con la *Gazzetta* en el bolsillo se entiende bien con un padre obrero con la *Gazzetta* en el bolsillo, para hablar de un hijo con el balón bajo el brazo, o de una hija que se está una hora en la peluquería.

Luego, el profesor hace una pequeña señal en la ficha del alumno y los hijos del obrero van a trabajar cuando todavía no saben ni leer. Los hijos del profesor continúan estudiando a toda costa, aunque «no tengan ganas» o «no entiendan nada».

La selección le viene bien a alguien

¿Fatalidad o plan?

Llegados a este punto, hay quien la toma con el destino. Es muy consolador leer la historia en clave de fatalidad.

Leerla en clave política es más inquietante: las modas resultan parte de un plan bien calculado para que Gianni se quede al margen. El profesor apolítico se convierte en uno de los 411.000 tontos útiles que el amo ha armado con expedientes y libros de escolaridad. Tropas de reserva encargadas de frenar a 1.031.000 Giannis al año, por si acaso el juego de las modas no bastara para distraerlos.

1.031.000 rechazados al año. Es una expresión técnica de eso que llamáis escuela. Pero además es una expresión de ciencia militar. Rechazarlos antes de que se hagan con los mandos. Por algo los exámenes son de origen prusiano.[55]

El sistema fiscal

Lo curioso es que el sueldo para echarnos fuera os lo pagamos nosotros, los excluidos.

Pobre es quien gasta todos sus ingresos. Rico, quien gasta solo una parte. En Italia, por una rara casualidad, los gastos están gravados hasta la última lira. Los ingresos, solo en broma.

Me han contado que los tratados de ciencia económica llaman a este sistema «indoloro». Indoloro quiere decir que los ricos consiguen hacer pagar los impuestos solo a los pobres sin que se den cuenta.

En la universidad se dicen algunas cosas. Solo hay señoritos. Sin embargo, en las escuelas inferiores están prohibidas. No está bien hacer política en la escuela. El amo no quiere.

¿A quién favorece?

Veamos a quién favorece que haya pocas horas de escuela.

Setecientas cuarenta horas al año son dos horas al día. Y el chico tiene los ojos abiertos otras catorce. En las familias privilegiadas son catorce horas de asistencia cultural de todo tipo.

Para los campesinos son catorce horas de soledad y silencio para hacerse cada vez más tímidos. Para los hijos de

55 *Cf.*, en la enciclopedia *Treccani*, la voz *Essami* [«Examen»].

Prusia: parte de Alemania. Se suele decir que la manía militarista de los alemanes viene de Prusia.

[Rechazados, *respinti:* que no pueden pasar de curso. *(N. del T.)*].

los obreros son catorce horas en la escuela de la persuasión oculta.[56]

Las vacaciones de verano, principalmente, tienen pinta de coincidir con determinados intereses. Los hijos de los ricos se van al extranjero y aprenden más que en invierno. Los pobres, el 1 de octubre, ya han olvidado hasta lo poco que sabían en junio. Si los mandan a septiembre, no pueden pagarse clases particulares. Por lo general, renuncian a presentarse.[57] Si están en alguna finca, echan una mano en las grandes labores del verano sin gravar costes al propietario.

Hablar claro

En tiempos de Giolitti se decían cosas como esta en público: «Se ha reunido en Caltagirone un congreso de grandes propietarios que ha propuesto, como única reforma, la abolición de la instrucción primaria, para que los campesinos y los mineros no puedan, con la lectura, absorber nuevas ideas».[58]

También era sincero Ferdinando Martini. Lamentando la apertura de las escuelas secundarias a las clases inferiores, dijo: «Por ello aumentó en las clases dirigentes la obligación de un esfuerzo incansable para no llegar a perder el predominio político y económico».[59]

56 Persuasores ocultos: la publicidad se llama persuasión oculta cuando convence a los pobres de que cosas no necesarias son necesarias.

57 Conocemos muchos casos así. Pero nos ha parecido mucho trabajo hacer una estadística como es debido.

58 Giovanni Giolitti, varias veces en el Gobierno desde 1892 a 1921. *Cf.* G. Giolitti, *Memorie della mia vita,* vol. 1, Milán, 1922, p. 90.

59 Discurso en la Cámara de Diputados, 13 de diciembre de 1888.

Ferdinando Martini: subsecretario y después ministro de Instrucción desde 1884 hasta 1893.

Los fascistas

También eran claras las leyes en tiempos del fascismo: «Las escuelas de los centros urbanos y de los mayores centros rurales están constituidas normalmente por el curso inferior y el superior (cinco años de estudio). Las de los centros rurales menores solo tienen, por norma, el curso inferior (tres años de estudio)».[60]

En la Asamblea Constituyente los fascistas pidieron que la enseñanza obligatoria se rebajara hasta los trece años.[61]

Pobre Pierino

Pero se quedaron solos. Los demás ya habían entendido que hoy es necesario hablar menos claro.

Cuando en la Cámara se discutió la Nueva Escuela Secundaria, ya estaba prohibido hablar mal de los pobres. No se podía más que llorar por el pobre Pierino y por el latín.

El más conmovido fue un democristiano: «¿Por qué tendrían que ser humillados los mejor dotados de inteligencia y voluntad, encerrados en una escuela donde tienen que cortarse las alas para ajustarse al vuelo de quien, por naturaleza, está obligado a proceder lentamente?».[62]

El amo

¿Existe?

Con frecuencia nos hemos visto hablando del amo que os maneja. De alguien que ha hecho la escuela a vuestra medida.

60 Artículo 66 del Texto Único, 5 de febrero de 1928.

61 Enmienda Tumminelli al artículo 34 de la Constitución.

62 Diputado Limoni. Discusión en la Cámara sobre la ley que establece la Nueva Media. Sesión del 13 de diciembre de 1962.

¿Existe? ¿Será un grupito de hombres en torno a una mesa que tienen en la mano todos los hilos: bancos, industrias, partidos, prensa, modas?

No lo sabemos. Nos parece que al decir que sí nuestro escrito coge un aire novelesco. Para decir que no, hay que ser ingenuos. Es como afirmar que tantas ruedecillas se han juntado por casualidad. Ha salido un tanque que hace la guerra por sí mismo sin conductor.

La casa de Pierino

Tal vez la historia de Pierino nos pueda dar una pista. Tratemos de querer también a su familia.

El doctor y su mujer son una gente estupenda. Leen, viajan, reciben a sus amigos, juegan con el niño, tienen tiempo de ayudarle y hasta lo saben hacer. La casa está llena de libros y de cultura. A los cinco años yo manejaba la pala con maestría. Pierino, el lápiz.

Una tarde, casi de broma, más por los hechos que por otra cosa, llegó la decisión: «¿Qué va a hacer en primero? Pongámoslo en segundo». Lo mandan a los exámenes sin darle importancia. Si no le admiten es igual.

No suspende, saca nueve en todo. Sana alegría familiar, como pasaría en mi casa.

Llueve sobre mojado

Lo único extraño en todo esto es la ley que la pareja se ha encontrado ya hecha. Prohíbe matricular en primero de primaria a un niño de cinco años, pero permite matricular en segundo a uno de seis.

¿Es una ley estúpida o demasiado inteligente?

Ellos dos no la han escrito. Ni siquiera la conocían. Entonces, ¿quién la escribió? ¿Mi madre?

Especial

Como sucedió en primero de primaria, sucede luego año tras año. Pierino pasa siempre y casi sin estudiar.

Yo lucho con toda mi alma y repito. A él le caben hasta el deporte, la Acción Católica o la Joven Italia[63] o la Juventud Comunista, la crisis de la pubertad, el año melancólico y el año de la rebeldía. A los dieciocho años tiene menos equilibrio que yo a los doce. Pero pasa siempre. Terminará la carrera con las mejores notas. Trabajará gratis de ayudante universitario.

Trabaja gratis

Sí, gratis. Quién lo iba a pensar; los profesores ayudantes voluntarios trabajan sin sueldo.

Nos encontramos con otra extraña ley. Pero con gloriosos precedentes. El Estatuto de Carlos Alberto[64] decía: «Las funciones de senador y diputado no dan derecho a retribución o indemnización alguna».[65]

Esto no es romántico desinterés, es un refinado sistema para excluir a la raza inferior sin decírselo a la cara.

La lucha de clases, cuando la hacen los señores, es señorial. No escandaliza ni a los curas ni a los profesores que leen *L'Espresso.*

63 Joven Italia: hoy es una organización de estudiantes fascistas.

64 Carlos Alberto: rey del Piamonte, Liguria y Cerdeña hasta 1848.

Estatuto: una especie de Constitución sobre la que se hicieron las leyes desde 1848 hasta 1948.

65 Artículo 50. Lo mismo valía para el alcalde que para la Junta Municipal. El artículo 50 ha estado oficialmente en vigor hasta 1948. En Inglaterra los diputados cobran desde 1911.

La mamá de Pierino

Así que Pierino se hará profesor. Encontrará una mujer como él. Y a su vez sacarán adelante otro Pierino. Más Pierino todavía.

Todos los años, treinta mil historias así.

Si se toma solo a la mamá de Pierino, no es una fiera. No es más que poco generosa. Ha cerrado sus ojos a los hijos de los demás. No ha prohibido a Pierino ir con otros Pierinos como él. Ella y su marido se rodean de intelectuales. Así que no quieren cambiar.

Las treinta y una madres de los compañeros de Pierino, o no tienen tiempo como ella, o no saben. Tienen trabajos que rinden tan poco que para vivir de ellos hay que trabajar desde pequeño hasta viejo y desde la mañana hasta la noche.

Sin embargo, ella ha estado en clase hasta los veinticuatro años. Además, ha tenido en casa a una de esas treinta y una madres. La madre de un Gianni que, para hacerle sus tareas, descuida a su hijo.

Todo el tiempo que ahora le sobra es un don de los pobres o tal vez un robo de los señores. ¿Por qué no lo reparte?

La parte del león

En conclusión, la madre de Pierino no es ni fiera ni inocente. Pero sumando miles de pequeños egoísmos como el suyo sale el gran egoísmo de una clase que quiere para sí la parte del león.

Una clase que no ha dudado en desencadenar el fascismo, el racismo, la guerra, el paro. Si hiciera falta «cambiarlo todo para que nada cambie», no dudará en abrazar incluso el comunismo.[66]

66 La frase entre comillas está en la novela *El Gatopardo.* La dice un príncipe siciliano cuando llegan los garibaldinos (1860). Después, también él se hace garibaldino y así no pierde ni el dinero ni el poder.

Nadie sabe cómo es el mecanismo exacto. Pero, si cada ley parece hecha a medida para que ayude a Pierino y nos fastidie a nosotros, no es posible seguir creyendo en la casualidad.

La selectividad ha logrado su objetivo

En la universidad

De los estudiantes universitarios, el 86,5% son hijos de papá. El 13,5%, hijos de trabajadores por cuenta ajena. De los licenciados, el 91,9% son hijos de papá; el 8,1%, hijos de trabajadores por cuenta ajena.[67]

Si los pobres formaran un grupo aparte, podrían significar algo. Pero no lo hacen. Al contrario, los hijos de papá los acogen como hermanos y les regalan todos sus defectos.

En conclusión, el 100%, hijos de papá.

En los partidos

Las secretarías de los partidos de cualquier nivel están en manos de graduados universitarios.

Los partidos de masas no se diferencian de los otros en este punto. Los partidos obreros no arrugan la nariz ante un hijo de papá. Y los hijos de papá no arrugan la nariz ante los partidos obreros. Con tal de que se trate de puestos directivos.

Al contrario, la finalidad es estar «con los pobres». Es decir, no precisamente «con los pobres», quería decir «al frente de los pobres».[68]

67 *Anuario Estadístico Italiano 1963*, tabla 113-114. En años sucesivos falta el dato.

68 El colmo del refinamiento es pertenecer a un partido sin masa (bien socialproletario, bien prochino). Una manifestación «china» en Florencia en

Los candidatos
Las secretarías de los partidos preparan las listas de los candidatos de cara a las elecciones. Las adornan, al final, con algún trabajador, solo por quedar bien. Luego se encargan de que las preferencias de los votantes se vayan a los licenciados: «Deja hacer a los que saben. Un obrero se encontraría perdido en el Congreso. Además, el doctor es de los nuestros».

Congreso
En conclusión, van a hacer leyes nuevas quienes están bien con las leyes viejas. Los únicos que no se han encontrado nunca en medio de las cosas que hay que cambiar. Los únicos incompetentes en política.

En el Parlamento, los licenciados son el 77%. Deberían representar a los electores. Pero los electores licenciados son el 1,8%.

Obreros y sindicalistas en el Parlamento, el 8,4%. Entre los electores, el 51,1%. Campesinos en el Parlamento, el 0,1%. Entre los electores, el 28,8%.[69]

Poder negro
Stokely Carmichael ha entrado en la cárcel veintisiete veces.[70] Durante su último proceso declaró: «No me fío de un solo blanco».

septiembre de 1966 estaba organizada por estudiantes hijos de grandes profesores universitarios.

69 «Elenco alfabético de los Diputados», Roma, 1965. «Elenco de los Senadores», Roma, 1966.

70 Stokely Carmichael: jefe del movimiento *Black Power* (Poder Negro) en Estados Unidos. Los del *Black Power* pedían el poder porque estaban hartos de pedir la igualdad y no obtenerla.

Cuando un joven blanco que había pasado toda su vida defendiendo la causa de los negros le gritó: «¿Ni siquiera de uno, Stokely?», Carmichael se volvió hacia el público, miró al amigo y dijo: «No, ni siquiera de uno».

PIL

Si el joven blanco se siente ofendido, da la razón a Carmichael. Si verdaderamente está con los negros, debe tragar, retirarse a un lado y seguir amando. Carmichael, tal vez, esperaba eso.

Los periódicos de izquierdas y de centro han apreciado siempre los escritos de nuestra escuela. Seguramente esta vez le harán coro a la fobia de las derechas. Entonces quedará demostrado que hay un partido superior a los partidos: el Partido Italiano de Licenciados.

¿Por quién lo hacéis?

Buena fe

La buena fe de los docentes es un problema aparte.

Os paga el Estado. Tenéis a los críos delante. Habéis estudiado historia. La enseñáis. Deberíais ver claro.

La verdad es que, de las criaturas, solo veis las escogidas. La cultura os la habéis hecho en los libros. Y los libros están escritos en la zona patronal. La única que sabe escribir. Pero podíais leer entre líneas. ¿Es posible que todavía obréis de buena fe?

El nazi

Trato de comprenderos. Tenéis un aspecto tan respetable. No tenéis nada de criminal. En todo caso, algo del criminal nazi. Ciudadano honestísimo y obediente que anota las cajas de jabón. Tendría escrúpulo de equivocar un número (un cuatro más o un cuatro menos), pero no pregunta si es jabón hecho con carne humana.

Más tímidos que yo

Pero ¿por quién lo hacéis? ¿Qué sacáis con hacer odiosa la escuela y echar a Gianni a la calle?

Ahora va a resultar que sois más tímidos que yo. ¿Teméis a los padres de Pierino? ¿A los compañeros de las escuelas superiores? ¿Al inspector?

Si tanto os preocupa vuestra carrera, hay una solución: cambiad un poco los ejercicios, corregid algún error mientras paseáis entre los bancos.

Por el honor de la escuela

O, a lo mejor, no teméis nada externo ni vulgar. Teméis solo vuestra conciencia. Pero una conciencia mal construida.

«Consideraría este aprobado ofensivo para el honor y la dignidad de la escuela», escribió en el acta un director. ¿Y quién es la escuela? La escuela somos nosotros. ¿Cómo puede servirla si no nos sirve a nosotros?

Por el bien del chico

«Precisamente es por el bien del chico. No olvidemos que se trata de alumnos que están a las puertas de la enseñanza superior», dijo pomposamente el director de una escuelilla de pueblo.

De treinta chavales, estaba claro que a la superior no irían más que tres: Maria, la del comercio, Anna, la de la maestra, y, naturalmente, Pierino. Pero, aunque hubiesen ido más, ¿qué más daba?

El director se había olvidado de cambiar el disco. No se había dado cuenta de la nueva población escolar. Una realidad ya viva de seiscientos ochenta mil chicos en primero. Todos pobres. Los ricos en minoría.

No una escuela desclasada, como él dice. Desclasada será la suya. Al servicio de quien tiene dinero para salir adelante.

Por la Justicia

«Pasar de curso a quien no lo merece es una injusticia contra los mejores», nos dijo otra almita gentil.

Que llame aparte a Pierino y le diga como dijo el amo a los viñadores:[71] «A ti te paso porque sabes. Tienes doble suerte: La de pasar y la de saber. A Gianni lo paso para darle ánimos, pero tiene la desgracia de no saber».

Por la Sociedad

Otra está convencida de ser responsable ante la Sociedad: «Hoy lo paso en tercero de secundaria y, mañana, ¡menudo médico me sale!».

Igualdad

Carrera, cultura, familia, honor de la escuela, balanza para medir los ejercicios. Son pequeñeces. Demasiado poco para llenar la vida de un maestro.

Alguno de vosotros ya se ha dado cuenta y no sabe por dónde salir. Todo por miedo a esa bendita palabra. Y, sin embargo, no hay escapatoria. Lo que no es política no llena la vida de un hombre de hoy.

En África, en Asia, en América Latina, en el sur de Italia, en la montaña, en los campos, hasta en las grandes ciudades, millones de chicos aguardan a que se les haga iguales.

71 *Evangelio según san Mateo,* capítulo 20.

Tímidos como yo, tontos como Sandro, vagos como Gianni. Lo mejor de la humanidad.

Las reformas que proponemos

Para que el sueño de la igualdad deje de ser solo un sueño, os proponemos tres reformas:

I. Que no haya repetidores.

II. A los que parecen tontos, darles la escuela a tiempo completo.

III. A los vagos basta con ofrecerles un propósito.

I. Que no haya repetidores

El tornero

Al tornero no le permiten entregar solo las piezas que le salen bien. En ese caso no se esforzaría para que le salieran bien todas.

Sin embargo, vosotros sabéis que podéis descartar piezas a vuestro gusto. Por eso os contentáis con controlar lo que ya sale por sí mismo, por causas ajenas a la escuela.

Mínimo común denominador

Hoy este sistema es ilegal.

La Constitución, en el artículo 34, promete a todos ocho años de escuela. Ocho años quiere decir ocho clases distintas. No cuatro clases repetidas dos veces cada una. Si no, sería un feo juego de palabras, indigno de una Asamblea Constituyente.[72]

72 De hecho, nadie planteó la cuestión ni en la sede de la Comisión ni durante la discusión en el aula (*cf.* actas taquigráficas de la sesión del 29 de abril 1947).

Así que, hoy, llegar a tercero de secundaria no es un lujo. Es un mínimo común denominador de cultura a la que todos tienen derecho. Quien no la tenga entera no es Igual.

Las aptitudes

No podéis seguir atrincherados en la teoría racista de las aptitudes.

Todos los chicos son aptos para hacer tercero de secundaria obligatoria y todos son aptos para todas las materias.

Es cómodo decir a un chico: «No estás hecho para esta materia». El chico lo acepta porque es perezoso como el maestro. Pero comprende que el maestro no lo considera un Igual.

Es antieducativo decir a otro: «Estás hecho para esta materia». Si se apasiona por una materia, hay que prohibirle estudiarla. Tratarlo de limitado o desequilibrado. Hay mucho tiempo luego para encerrarse en las especializaciones.

A destajo

Si cada uno de vosotros supiera que a toda costa tiene que sacar adelante a todos los chavales y en todas las materias, aguzaría el ingenio para hacerlos funcionar.

Yo os pagaría a destajo. Un tanto por cada chaval que aprende todas las materias. O mejor, multa por cada chaval que no aprenda una. Entonces los ojos se os irían siempre hacia Gianni. Buscaríais en su mirada distraída la inteligencia que Dios le ha dado, ciertamente igual que a los demás. Lucharíais por el niño que tiene más necesidad, dejando al más afortunado, como se hace en todas las familias. Os despertaríais por la noche con el pensamiento fijo en él buscando un modo nuevo de dar clase, hecho a su medida. Iríais a buscarlo a casa si no vuelve.

No os quedaríais en paz, porque la escuela que pierde a Gianni no es digna de llamarse escuela.

Los medievales sois vosotros

Nosotros, en los casos extremos, utilizamos hasta la correa.

No sea tan exquisita y deje tranquilas las teorías de los pedagogos. Si quiere una correa, se la llevo yo, pero tire lejos la pluma de las notas. Su pluma deja marca por un año. La correa ya no se nota al día siguiente.

Por culpa de su moderna pluma, y por las buenas, Gianni ya no leerá un libro en toda su vida. Jamás sabrá escribir ni una carta decente. Un castigo desproporcionado y cruel.

Matemáticas

El único que tendría motivo para lamentarse de una escuela sin repetidores sería el profesor de matemáticas. La lección de segundo o tercero es inútil para quien no sabe las cosas de primero.

Pero las matemáticas son una sola materia. No querrá, por tres horas a la semana que el chico no puede aprovechar, hacerle perder otras veintitrés a su medida.

Le basta con menos

Por lo demás, se puede hacer con las matemáticas un razonamiento como el que hace el Parlamento con el latín.

¿Qué cálculos es imprescindible manejar para las necesidades inmediatas de la casa, o de un trabajo cualquiera, o de la lectura del periódico? En otras palabras: ¿qué parte de las matemáticas recuerda un hombre culto no especializado?

Todo lo que está en el programa de los ocho años, menos las expresiones numéricas y el álgebra.[73]

73 Expresiones numéricas: operaciones complicadas con las que no se puede resolver en secundaria ningún problema práctico.

Álgebra: las mismas operaciones hechas con letras en vez de números.

Queda el problema de enriquecerse el vocabulario con la palabra «álgebra». Pero para esto basta una sola lección de álgebra en todo el año.

II. Tiempo completo

Repetir

Sabéis de sobra que para explicar todo el programa a todos no bastan las dos horas diarias de la escuela actual.

Hasta ahora habéis resuelto el problema de un modo clasista. A los pobres les hacéis repetir curso. A la pequeña burguesía, repetición en clases particulares. A la clase más alta no le hace falta, todo es repetición. Pierino ya ha oído en casa lo que enseñáis.

El *doposcuola* es una solución más justa. El chico repite, pero no pierde curso, no gasta y vosotros seguís con él, unidos en la culpa y en la pena.[74]

Anticlasismo

Quitémonos de una vez la careta. Mientras vuestra escuela siga siendo clasista y expulse a los pobres, la única forma seria de anticlasismo es un *doposcuola* que expulse a los ricos.

Quien no se escandaliza de los repetidores ni de las clases particulares, y aquí sí pone pegas, no es honesto.

Pierino no ha nacido de otra raza. Ha llegado a serlo por el ambiente que vive después de la escuela. El *doposcuola*

74 Voluntariamente hemos dejado aparte el problema de las clases diferenciales y de acogida. Cuando funcionan, son lo más hermoso que tenéis. Pero si hacéis la escuela a tiempo completo, ya no os harán falta. [Planes similares en España son los de acogida y adaptación sociolingüística, atención a la diversidad y diversificación curricular. *(N. del T.)*].

también debe crear ese ambiente para los demás (pero con una cultura diferente).

Un ambiente

La expresión «a tiempo completo» os da miedo. Ya os parece bastante difícil mantener a los chicos esas pocas horas. Pero es que nunca lo habéis intentado.

Hasta ahora habéis hecho escuela con la obsesión del timbre, con la preocupación del programa que hay que terminar antes de junio. No habéis podido ensanchar el horizonte, responder a las curiosidades de los chicos, llevar los temas hasta el fondo.

El resultado es que habéis hecho todo mal y os habéis quedado insatisfechos vosotros y los chicos. Os ha cansado el descontento, no las horas.

Hay que creer en ello

Ofreced vuestro *doposcuola* también a los de primaria, y también los domingos y en las vacaciones de Navidad, en Semana Santa y en verano. ¿Quién puede decir que los chicos y las familias no quieren algo que todavía no se les ha ofrecido?

Y que no diga que ha ofrecido *doposcuola* ese director que ha mandado a los padres una circular medio borrosa. El *doposcuola* hay que lanzarlo como se lanza un buen producto. Antes de hacerlo hay que creer en ello.

Tiempo completo y familia

El celibato

La escuela a tiempo completo supone una familia que no estorba. Por ejemplo, la de dos maestros, marido y mujer, que tuvieran dentro de la escuela una casa abierta a todos y sin horario.

Gandhi lo hizo.[75] Y mezcló sus hijos con los demás al precio de verlos crecer muy diferentes a él. ¿Os atrevéis?

La otra solución es el celibato.

Mujer, coche y trabajo

Celibato es una palabra que no está de moda.

La Iglesia la ha entendido para los curas cerca de mil años después de la muerte del Señor.

Gandhi la ha comprendido a los treinta y cinco años, precisamente en vista de la escuela (después de veintidós de matrimonio).[76]

Mao ha hablado bien, para admiración de los camaradas, de un obrero que se castró (los maoístas italianos se avergüenzan de decirlo).

88.000

A vosotros os harán falta otros mil años para adoptar el celibato. Pero hay algo que podéis hacer ya: empezar a valorar y hablar bien de los célibes que tenéis.

De los 411.000 profesores de enseñanza obligatoria, 88.000 no están casados. De estos, 53.000 no se casarán tampoco en el futuro.[77] ¿Por qué no decir a los demás y a uno mismo que no es una desgracia, sino una suerte para estar disponible en la escuela a tiempo completo?

75 Gandhi: santo de religión hindú que vivió en nuestro siglo. Fue asesinado en 1948.

76 Sus padres le hicieron casarse a los trece años, según una costumbre india de aquella época.

77 Hemos obtenido el dato, teniendo como base el estado civil de los muertos y suponiendo que los maestros no son ni más ni menos célibes que los demás ciudadanos. Como ignoramos el futuro, no existe otro medio de anticipar en porcentajes el destino matrimonial o no de los vivos. Por separado: docentes célibes varones, 33.000; mujeres, 55.000. Destinados al celibato, 14.000 varones y 39.000 mujeres.

Suele decirse, no sé con qué fundamento, que hoy día los célibes son los profesores menos humanos. Mañana, cuando sea una elección generosa, podrían apasionarse por la escuela, amar a los chicos y ser amados. Y, sobre todo, tener la alegría de una escuela que funciona.

Tiempo completo y derechos sindicales

Batallas memorables

Nos ha caído en las manos un boletín sindical para docentes: «¡No al aumento de las horas de clase! Se libraron memorables batallas sindicales para fijar el horario obligatorio y sería absurdo volver atrás».[78]

Nos ha hecho dudar. En rigor, no podemos decir nada. Todos los trabajadores luchan para reducir su horario y tienen razón.

Extraño privilegio

Pero vuestro horario es indecente.

Un obrero trabaja 2150 horas al año. Vuestros colegas funcionarios, 1630. Vosotros, desde un máximo de 738 (los maestros) hasta un mínimo de 468 (los profesores de matemáticas y de lengua extranjera).

La excusa de que tenéis que corregir en casa los deberes y estudiar no vale. También los magistrados tienen que escribir las sentencias. Además, podríais no poner deberes. Y si los ponéis, podéis corregirlos con los chicos mientras los hacen.

En cuanto a estudiar, todos tienen que estudiar. Y los obreros lo necesitan más que vosotros. Y, sin embargo, si van a una escuela nocturna, no pretenden cobrarlo.

78 «La renovación de la escuela», 8 de octubre de 1966.

En conclusión, digamos que vuestro horario de trabajo es un extraño privilegio. Os lo ha regalado el amo desde el principio por motivos suyos. No ha sido una conquista sindical vuestra.

Agotamiento nervioso
En ese mismo boletín se lee que vuestras horas semanales son «suficientes para agotar la capacidad psicofísica de una persona normal».

Un obrero está en una prensa ocho horas al día, tenso por el terror de dejarse allí los brazos. Delante de él no lo diríais.

Además, hay miles de profesores que no se cansan de dar clases particulares a quien se las paga. Hasta que no os los limpiéis, seguís del otro lado. Es difícil veros como trabajadores con derechos sindicales.

Huelga
Por ejemplo, la huelga. Es un sagrado derecho del trabajador. Pero con el horario que tenéis, vuestra huelga da asco.

Si estudiarais a Gandhi, descubriríais otras infinitas técnicas de lucha, idénticas a la huelga en lo sustancial, pero de distinta forma.

Podría ser una solución apuntaros al sindicato de los jueces y hacer huelga solo en el horario en que trabajáis de jueces: preguntas, pruebas, exámenes, actas que rellenar.

Sin embargo, cuando tocáis las pocas horas de enseñanza, la gente comprende que nosotros no os importamos nada.

¿Quién hará la escuela a tiempo completo?
Con el horario que tenéis, la escuela es una guerra contra los pobres. Si el Estado no puede imponeros un aumento de horario, no puede hacer escuela.

Es una grave conclusión. Hasta ahora se decía que la escuela estatal era un progreso respecto a la privada. Ahora habrá que volver a pensarlo y poner la escuela en manos de otros. De gente que tenga un motivo ideal para hacerla y hacérnosla a nosotros.

Atención a las palabras

Tengamos los pies en el suelo. Por la mañana y en invierno la escuela la hará el Estado. Y seguirá haciéndola «interclasista» (atención a las palabras: el clasismo de los ricos se llama interclasismo). Por la tarde y en verano ha de hacerla otro, y que la haga anticlasista (atención a las palabras: al anticlasismo, los ricos lo llaman clasismo).

El Ayuntamiento

La primera solución es dirigirse a las administraciones municipales. Que demuestren por su política escolar si están con nosotros. Asfalto, farolas y campos de deportes saben ponerlos hasta los monárquicos. Si la Junta Administrativa Provincial recorta sus gastos por «no entrar en las atribuciones de los Ayuntamientos», que respondan que es una ley fascista (1931), que resistan, que se hagan oír. Es muy cómodo echar la culpa al de arriba y no hacer nada.

Los comunistas

Pero puede suceder que el Ayuntamiento no quiera saber nada. Hasta los comunistas son tímidos en cuestión de clasismo. ¿Se atreverán a chocar con los empleados y los comerciantes?

Un pez gordo del Partido nos dijo que la escuela le corresponde al Estado: «Cuando estemos nosotros en el poder...». Desde la liberación italiana han pasado ya veinte años. Los comunistas no han llegado al poder. Aguanta, campesino, que la hierba crece.[79]

Los curas

Los curas quizás podrían hacer el *doposcuola.* Pero muchos no saben amar con la dureza del Señor. Creen que el mejor sistema para educar a los ricos es soportarlos.

Los sindicatos

Las únicas organizaciones de clase son los sindicatos. Así que el *doposcuola* les toca a ellos.

Por ahora, los sindicalistas no quieren saber nada de esto. Dicen que en una democracia moderna cada organismo tiene su misión y no debe salirse de ella.

También ellos son un poco tímidos.

Y, sin embargo, se lamentan de la juventud de hoy, indiferente a todo. Dicen que cada vez es más difícil arrastrar a una huelga, lograr inscritos, activistas, militantes a tiempo completo. Y mientras tanto, dejan que los jóvenes crezcan en la escuela del patrono.

Por lo menos, intentadlo

Cuando los sindicalistas se choquen contra el muro, volverán a pensarlo. Por ahora, podrían al menos hacer un experimento local.

CGIL y CISL unidas, o enfrentadas.[80]

79 Según el proverbio: *Campa, cavallo, che l'erba cresce* («Aguanta, caballo, que la hierba crece»). *(N. del T.).*

80 Se trata de las dos grandes confederaciones sindicales italianas: CGIL (Confederación General Italiana del Trabajo), de orientación comunista, y CISL (Confederación Italiana de Sindicatos de Trabajadores), católica. *(N. del T.).*

La escuela cuesta poco, un poco de tiza, una pizarra, algún libro regalado, cuatro muchachos mayores para enseñar y un conferenciante de vez en cuando para decir gratis cosas nuevas.

Tiempo completo y contenidos

Padre Borghi
Cuando escribíamos esta carta vino a vernos el padre Borghi. Nos hizo esta crítica:

> Os parece muy importante que todos los chicos vayan a la escuela y que pasen allí todo el día. Saldrán individualistas y apolíticos como los estudiantes que andan por ahí. El terreno que necesita el fascismo.
>
> Mientras los profesores y las asignaturas que se estudian sean como son, cuanto menos estén los chicos en la escuela, mejor. Es mejor escuela un taller.
>
> Para cambiar los profesores y los contenidos hace falta algo muy distinto de vuestra carta. Estos problemas se resuelven a nivel político.

A falta de lo mejor
Es verdad. Un Parlamento que reflejara las exigencias de todo el pueblo, y no solo las de la burguesía, con un par de leyes penales os pondría a tono. A vosotros y a los programas.

Pero al Parlamento tenemos que ir nosotros. Los blancos no harán nunca las leyes que necesitan los negros.

Para ir al Parlamento hay que apoderarse de la lengua. Por ahora, a falta de algo mejor, está bien que los chicos vayan a la escuela hasta con vosotros.

Deformación profesional
Además, está claro que no todos sois como piensa Borghi.

A lo mejor os habéis deformado precisamente por dar clase en una escuela así. No habéis preferido a los señoritos por malicia, sino por haberlos tenido demasiado a la vista. Demasiados en número y demasiado tiempo.

Al final os habéis aficionado a ellos, a sus familias, a su mundo, al periódico que leen en su casa.

Quien ama a las criaturas que están bien, apolítico se queda. No quiere cambiar nada.

La presión de los pobres

Ahora las cosas están cambiando. La población escolar crece a pesar de vuestros repetidores.

Con una masa de pobres que empujan, que tienen necesidad de cosas elementales, no podréis sacar adelante el programa de Pierino.

Mucho menos si hacéis la escuela a tiempo completo. Los hijos de los pobres os dejarán como nuevos a vosotros y a los programas. Conocer a los chicos de los pobres y amar la política es todo uno. No es posible amar a criaturas marcadas por leyes injustas y no querer leyes mejores.

III. Una finalidad

La escuela de los curas

Hace tiempo existía la escuela confesional.[81] Tenía una finalidad, y digna. Pero no servía para los ateos.

Todos esperaban que la sustituyerais por algo grande. Al final habéis dado a luz un ratón: la escuela del provecho individual. Ahora ya no existe la escuela confesional. Los curas

81 Escuela confesional: escuela que declara abiertamente querer llevar a los chicos a una determinada religión o idea política.

han pedido la convalidación y dan notas y títulos como vosotros. También ellos proponen a los chicos el Dios Dinero.

La escuela comunista

La escuela comunista propondría algo mejor. Pero yo no quisiera ser maestro y tener que medir las palabras. Ver la duda en los ojos de los chicos: ¿dice la verdad o lo que conviene?

¿Es que no hay más remedio que pagar la igualdad a ese precio?

Se busca una finalidad honesta

Se busca una finalidad.

Tiene que ser honesta. Grande. Que no suponga en el chico más que su humanidad. Es decir, que sirva para los creyentes y para los ateos.

Yo la conozco. El cura me la ha impuesto desde que tenía once años y doy gracias a Dios. He ahorrado mucho tiempo. He sabido minuto a minuto para qué estudiaba.

Fin último

El fin justo es dedicarse al prójimo.

Y en este siglo, ¿cómo se quiere amar sino con la política, el sindicato o la escuela? Somos soberanos. Ya no es tiempo de limosnas, sino de elegir. Contra los clasistas como vosotros, contra el hambre, el analfabetismo, el racismo, las guerras coloniales.

Fin inmediato

Pero ese es únicamente el fin último para recordarlo de vez en cuando. El inmediato, para recordarlo minuto a minuto, es entender a los demás y hacerse entender.

Y, desde luego, no basta el italiano, que no cuenta nada en el mundo. Los hombres tienen necesidad de amarse también por encima de las fronteras. Así que hay que estudiar muchas lenguas, y todas vivas.

Además, la lengua se compone de vocablos de todas las materias. Por eso hay que ojear por encima todas las materias, para enriquecernos de palabras. Ser aficionados en todo y especialistas solo en el arte de hablar.

Ciencias y letras

Cuando se discutió en el Parlamento la nueva secundaria nosotros, los mudos, permanecimos callados porque no estábamos. La Italia campesina se hallaba ausente allí donde se hablaba de una escuela para ella.

Interminables discusiones entre grupos que parecían opuestos y eran iguales.[82]

Todos salidos del bachillerato. Incapaces de ver un palmo más allá de la escuela que los había parido. ¿Cómo podría un señorito hablar contra sí mismo? Sus propias palabras escupían contra él y contra su deforme cultura.

Los diputados se dividieron en dos partes. Las derechas, a proponer el latín. Las izquierdas, las ciencias. No hubo ni uno que pensara en nosotros, que hubiera estado aquí metido, que le hubiera costado trabajo seguir vuestra escuela.[83]

Ratones de biblioteca, las derechas. Ratones de laboratorio, los comunistas. Lejos unos y otros de nosotros, que no hablamos y necesitamos la lengua de hoy y no la de ayer; lengua y no especializaciones.

82 No lo decimos a voleo. Dos de nosotros se han leído con paciencia 156 páginas de actas parlamentarias.

83 El diputado comunista De Grada, en la sesión del 14 de diciembre de 1962, ha declarado que «a leer y a escribir se aprende en la escuela primaria».

Soberanos

Porque solo la lengua nos hace iguales. Igual es quien sabe expresarse y entiende la expresión ajena. Que sea rico o pobre importa menos. Basta con que hable.

Los diputados constituyentes creían que todos nos moríamos de ganas de coser tripas o escribir «ingeniero» en el membrete: «Los capaces y los merecedores, aunque no tengan medios, tienen derecho a alcanzar los grados superiores en los estudios».[84]

Sin embargo, pretendemos educar a los chicos con mayor ambición. ¡Hacernos soberanos! Y no médicos o ingenieros.

Los arribistas

Cuando todos tengamos la palabra, que sigan los arribistas sus estudios. Que vayan a la universidad, que arrebaten los títulos, que hagan dinero y aseguren los especialistas necesarios.

Basta con que no pidan una tajada mayor de poder, como han hecho hasta ahora.

Desaparece

Pobre Pierino, casi me das lástima. Has pagado caro el privilegio. Deformado por la especialización, por los libros, por el contacto con gente toda igual. ¿Por qué no te vienes?

Deja la universidad, los cargos, los partidos. Ponte a enseñar enseguida. Solo lengua y nada más.

Abre camino a los pobres sin abrírtelo tú. Deja de leer. Desaparece. Es la última misión de tu clase.

Salvar el alma

No trates de salvar a tus viejos amigos. Si vuelves a hablarles, siquiera una sola vez, seguirás siempre como antes.

84 Artículo 34 de la Constitución.

Ni siquiera te preocupes por la ciencia. Bastarán los avaros para cultivarla. Harán también los descubrimientos que necesitamos nosotros. Regarán el desierto, sacarán chuletas del mar, vencerán las enfermedades.

Y a ti, eso, ¿qué te importa? No condenes tu alma y tu amor por cosas que saldrán adelante por sí mismas.

Segunda parte

SUSPENDED EN MAGISTERIO, PERO...

Inglaterra

El verdadero examen

Tras acabar la secundaria salí hacia Inglaterra. Tenía quince años. Primero trabajé con un labrador en Canterbury. Luego, con un bodeguero en Londres.

En nuestra escuela ir al extranjero equivale a vuestros exámenes. Pero es examen y clase al tiempo. Se prueba la cultura en el crisol de la vida.

Al final es un examen más severo que el vuestro, pero al menos no se pierde tiempo en cosas muertas.

Suez

Nuestro examen lo aprobé bien. Volví a casa vivo y encima traje dinero. Pero sobre todo volví repleto de cosas aprendidas que sabía contar.

Antes que yo, de nuestra casa solo el tío Renato había estado en el extranjero. En la guerra de Etiopía. De pequeño, apenas aprendí un poco de geografía, le pedí que me contara algo del canal de Suez. Ni se había enterado de haber pasado por allí.

Pacifista

Pero, a mí, al extranjero a matar campesinos no me llevaréis. He estado en sus casas. Había un muchacho de mi edad. Una niña más pequeña. Tienen un establo como nosotros, recogen patatas, trabajan duro. ¿Por qué iba a matarlos?

Usted me resulta mucho más extranjera. Pero estese tranquila, por desgracia me han educado pacifista.

Cockney

En Londres están peor que en el campo. Estábamos en los subterráneos de la City descargando camiones.[85] Mis compañeros de trabajo eran ingleses y no sabían escribir una carta en inglés. A menudo se la hacían escribir a Dick. Dick a veces me pedía consejo a mí, que he estudiado con grabaciones. Él tampoco habla más que *cockney*.

Cinco metros encima de nuestras cabezas estaban los que hablan el «inglés de la reina».

El *cockney* no es muy distinto, pero quien lo habla queda retratado. En sus escuelas no hacen repetir. Te desvían hacia escuelas de menor categoría. Los pobres, en las suyas, se perfeccionan en hablar mal. Los ricos, en hablar bien. Por la pronunciación se ve lo rico que es uno y el oficio que tiene su padre. En caso de revolución se destriparán todos fácilmente.

Contra un muro

Cuando volví a Italia ni siquiera me acordaba de haber sido tímido.

85 City: barrio de Londres donde se encuentran las sedes de los grandes comerciantes.

Cockney: dialecto de los pobres de Londres.

Explicarse en las fronteras, discutir con el jefe y con los monárquicos, defenderse de los racistas y de los pervertidos, ahorrar, decidir, comer cosas raras, esperar el correo, tragarse la nostalgia. Creo que ya lo he probado todo y he ganado.

Solo me faltaba conocer de cerca vuestra escuela. Ahora la he probado. Ha sido como chocar contra un muro.

Nosotros o vosotros

Sin embargo, mis compañeros han triunfado por todas partes. Algunos ya son sindicalistas a tiempo completo y triunfan. Otros están en talleres de Florencia y no se dejan intimidar por nadie. Trabajan en los sindicatos, en los partidos y en los ayuntamientos.

Hasta los dos que vinieron a formación profesional han triunfado. Aprueban como Pierinos.

Nuestra cultura resiste en todas partes donde hay vida verdadera. En Magisterio no sirve.

Estudiemos un poco lo que ha pasado. O nosotros o vosotros. Alguno está fuera de sitio.

Horario

Para ir a Florencia me levantaba a las cinco. En moto hasta Vicchio y, luego, en el tren. En el tren es difícil estudiar: sueño, gente, barullo.

A las ocho ya estaba en la puerta de la escuela esperando a los que se levantan a las siete. Cuatro horas diarias de desventaja.

Calendario

Yo estaba el 1 de octubre. Usted no. Nos dijeron que volviéramos el día 6. En el Leonardo les han dicho que vuelvan el 13.

La responsabilidad de los retrasos es una mezcla de santos y de vagos. Hasta san Francisco os sirve de pretexto para robar a los pobres otro día de clase.[86] Tras cuatro meses de abandono.

No he conseguido saber si los vagos están al nivel de la escuela, de la dirección provincial o del ministerio. Lo cierto es que son gente pagada trece meses al año.

Si un obrero ficha con cinco minutos de retraso, le quitan media hora. Si lo hace a menudo, pierde el puesto.

Los trenes son estatales como vosotros y funcionan. Cuando atravesamos un paso a nivel estamos tranquilos. El guardagujas está en su puesto de trabajo. Verano e invierno, día y noche. Si falta uno, aunque sea una sola vez, sale en los periódicos. No nos cuenta historias del escalafón, de los suplentes y del dolor de tripa de su niño. Va a la cárcel.

¿Por qué sois vosotros los únicos especiales?

Puede que al amo le interese más que funcione el tren que no la escuela. La escuela la tiene su hijo en casa hasta en la sopa, el tren no.

Al amo le basta con que estéis listos en junio para dar los títulos.

Selección suicida

Desmemoriado

En la primera parte de esta carta se ha visto cuánto daño hacéis a los que descartáis. En Florencia he visto cuánta razón tenía Borghi. El daño más profundo se lo hacéis a los escogidos.

86 San Francisco de Asís, cuya festividad se celebra el 4 de octubre, es patrono de Italia. *(N. del T.).*

El chico que pasa curso sigue siempre en la misma clase. Más estable que los profesores. Debería estar unido a los compañeros, interesarse por cómo han terminado.

Pero son demasiados. En ocho años le han arrancado y quemado como ramas secas a cuarenta compañeros. Tras la secundaria, otros cinco han abandonado los libros, a pesar del aprobado, y ya son cuarenta y cinco. De ellos y sus problemas no sabe ya nada.

Soberbio

En segundo de primaria, Pierino estaba con todos. En quinto, se trata ya de un grupo más limitado. De cien personas que encuentra por la calle, cuarenta ya le son «inferiores».

Después de la secundaria obligatoria los «inferiores» suben a noventa sobre cien. Después del bachillerato, a noventa y seis. Después de la licenciatura, a noventa y nueve.[87]

Siempre ha visto mejores calificaciones que los compañeros que ha perdido. Los profesores que se las han puesto le han grabado en el alma que los otros noventa y nueve son de cultura inferior.

Llegados a este punto sería un milagro que su alma no enfermara.

La compensación de los pobres

Está verdaderamente enferma porque los profesores le han dicho una mentira. La cultura de esos noventa y nueve no es inferior, es distinta.

87 Censo de 1961. *Cf. Compendio Estadístico Italiano 1966*, tabla 17. Estudios primarios: 27.590.000 (60,5%). Secundaria obligatoria: 4.375.000 (9,6%). Diploma: 1.940.000 (4,2%). Licenciados: 603.000 (1,3%).

La verdadera cultura, la que todavía no ha poseído ningún hombre, se compone de dos cosas: pertenecer a la masa y dominar la palabra. Una escuela que selecciona destruye la cultura. A los pobres les quita el medio de expresión. A los ricos les quita el conocimiento de las cosas.

Gianni es desgraciado porque no sabe expresarse; afortunado él, que pertenece al gran mundo. Hermano de toda África, Asia y América Latina. Conocedor de las necesidades de la mayoría desde dentro.

Pierino es afortunado porque sabe hablar. Desgraciado, porque habla demasiado. Él, que no tiene nada importante que decir. Él, que solo repite cosas leídas en los libros, escritas por otro como él. Él, encerrado en un grupito refinado. Al margen de la historia y de la geografía.

La escuela selectiva es un pecado contra Dios y contra la humanidad. Pero Dios ha defendido a sus pobres. Los queréis mudos y Dios os ha hecho ciegos.

Ciegos

El que no lo crea, que vaya a la ciudad el día de la fiesta de los matrículas.[88]

Los señoritos se avergüenzan tan poco de su privilegio que se disfrazan para hacerse notar. Luego, durante todo un día, hacen payasadas solos como perros en mitad de la calle. Obscenidades, infracciones de la ley, molestias al tráfico y al trabajo. Le quitan el casco a un guardia y le ponen otro con el pitorro de una lavativa.

El guardia lo soporta en silencio. Ha comprendido lo que quiere el amo. Solo se llama desorden a lo que hacen los

88 Fiesta de los matrículas: estudiantes del primer año de universidad [novatos].

obreros durante las huelgas, serios, ordenados, movidos por una necesidad desesperada.

Los señoritos con su comedia no se enteran de que el servilismo del policía es una acusación contra ellos.

Como no se enteran de la mirada de un obrero que pasa y no se ríe. Son capaces de pararlo y de pedirle limosna también a él.

Mantenidos

El obrero ya les da limosna todos los días, hasta cuando echa sal a la comida.[89] Los estudiantes estudian a costa del obrero. Pero no lo saben o no lo quieren saber.

Un estudiante de bachillerato les cuesta a los pobres 298.000 liras al año. Su padre gasta en tasas escolares 9.800. Un estudiante universitario le cuesta a los pobres 368.000 liras al año. Su padre pone 44.000.

Un médico le cuesta a los pobres un total de 4.586.000 liras. Su padre pone 244.000.[90] Y luego, con el título que le han regalado los pobres, pide a los pobres 1500 liras por una visita de un cuarto de hora, hace huelga contra su mutualidad sanitaria y está en contra de nacionalizar la sanidad como ocurre en Inglaterra.

Fascistas en potencia

La mayoría de los compañeros que me he encontrado en Florencia no leen nunca el periódico. Quien lo lee, lee el periódico de la patronal. Le he preguntado a uno de ellos si sabe quién lo financia: «Nadie. Es independiente».

89 El impuesto sobre el consumo de sal arroja 19.000 millones de liras al año.

90 «Relación general sobre la situación económica del país, 1965», vol. II, p. 495 (pruebas de imprenta). La tasa universitaria de 44.000 liras corresponde a Medicina, una de las más altas.

No quieren saber nada de política. Uno que me oyó hablar del sindicato lo confundía con el *sindaco* [alcalde].

De la huelga solo han oído decir que perjudica la producción. No se preguntan si es verdad.

Tres son fascistas declarados.

Veintiocho apolíticos más tres fascistas, igual a treinta y un fascistas.

Más ciegos todavía

Hay estudiantes e intelectuales un poco distintos: leen todo, militan en los partidos de izquierda. Pero puede que sean más ciegos todavía.

Al profesor más de izquierdas le he oído hablar a favor de la Asociación de Docentes y Familias. A propósito del *doposcuola,* se le escapó: «¡Vosotros no sabéis que tengo dieciocho horas de clase a la semana!».

La sala estaba llena de obreros que se levantan a las cuatro para coger el tren de las 5:39. De campesinos que en verano hacen dieciocho horas, pero todos los días.

Nadie respondió ni se rio. Cien ojos impenetrables lo miraban fijos en silencio.

El para qué

Agraces

El fruto de la selección es un fruto verde que no madura nunca. Me di cuenta de que la mayoría de mis compañeros estaba en Magisterio bien por casualidad, bien por decisión de sus padres.

Yo llegué a la puerta de vuestra escuela con una cartera nueva. Me la han regalado mis alumnos. A los quince años ya tuve mi primer sueldo de maestro.

A usted no se lo dije, a los compañeros tampoco. A lo mejor yo también me equivoco, pero en vuestra escuela es difícil hablar. Quien sabe lo que quiere y quiere hacer el bien pasa por tonto.

Avaros

Ninguno de mis compañeros hablaba de ser maestro. Uno me dijo: «Yo quiero entrar en un banco. En el politécnico hay demasiadas matemáticas, en el bachillerato de letras demasiado latín, así que me he venido aquí».

El último dato sobre los que son como él está en el censo de 1961: 675.975 ciudadanos tenían el título de Magisterio.[91] Quitamos 60.000 maestros jubilados, 201.000 que daban clase ese año y 120.000 que deseaban darla (es decir, los opositores). Quedan cerca de 330.000 ciudadanos que podrían enseñar y no enseñan (el 43%).

Descontentos

Más de uno de mis compañeros me dijo que quería ir a la universidad y no sabía qué rama escoger.

Los maestros titulados en 1963 fueron 22.266. Al año siguiente encontramos 13.370 de ellos matriculados en la universidad.

De cada cien chicos que hacéis maestros, sesenta no están contentos.[92]

Se llama maestro

Solo una compañera me pareció un poco elevada. Estudiaba por amor al estudio. Leía hermosos libros. Se encerraba en su habitación a escuchar a Bach.[93]

91 En el censo se declara el título más alto de estudios. Habría que sumar a esta cifra los de Magisterio que han hecho después una licenciatura.

92 *Anuario Estadístico de la Instrucción Italiana 1965*, tabla 152 y tabla 200.

93 Bach: músico alemán del siglo XVIII.

Es el máximo fruto al que puede aspirar una escuela como la vuestra.

A mí, sin embargo, me han enseñado que esa es la peor tentación. El saber solo sirve para darlo. «Se llama maestro a quien no tiene ningún interés cultural cuando está solo».

Escuela cerrada

Comprendo que también para vosotros pueda ser desalentador hablar así del maestro a chicos como esos. Pero ¿son los chicos los que os han desalentado a vosotros o vosotros a los chicos?

Existe la tendencia a ampliar el número de facultades a las que se pueda pasar desde Magisterio. Así la preparación de los maestros se hace cada vez más genérica e imprecisa.

Para hacer un buen maestro se necesita una escuela cerrada sin salida a nada más. Que en ella se sienta desplazado quien venga buscando ir a un banco. Y que se sienta como en casa el chico de raza campesina que ya eligió.

Selección obligada

Aquí se presenta un problema completamente distinto al de la enseñanza obligatoria. Allí, cada uno tiene un profundo derecho a que le hagan igual. Mientras que aquí no se trata más que de un certificado.

Se fabrican ciudadanos especializados al servicio de los demás. Los queremos seguros.

Por ejemplo, en los carnés de conducir, sed severos. No queremos que nos sieguen por la calle. Lo mismo vale para el farmacéutico, el médico, el ingeniero.

Ojo al fin

Pero no os cargáis al conductor por no saber matemáticas, ni al médico por no saberse los poetas.

Usted me dijo textualmente: «Ya lo ves, no sabes latín. ¿Por qué no vas a una escuela técnica?».

¿Estáis seguros de que para ser un buen maestro es indispensable el latín? A lo mejor no lo habéis pensado. La palabra maestro no os viene a la cabeza. Solo veis los programas tal como son y no reaccionáis.

El individuo

Si os hubierais interesado por mí lo suficiente para preguntaros de dónde venía, quién era, dónde iba, el latín se os hubiera nublado un poco ante los ojos.

Tal vez hubierais puesto alguna pega. Os da miedo un chico que a los quince años sabe lo que quiere. Notáis la influencia del maestro.

¡Pobre del que os toca al Individuo! El Libre Desarrollo de la Personalidad es vuestro credo supremo. De la sociedad y sus necesidades no os importa nada.

Yo soy un chico influido por el maestro y presumo de ello. Él también presume. Si no, ¿en qué consiste la escuela?

La escuela es la única diferencia que hay entre el hombre y los animales. El maestro da al chico todo lo que cree, ama y espera. El chico, al crecer, añade algo, y así la humanidad avanza.

Los animales no van a la escuela. En el Libre Desarrollo de su Personalidad las golondrinas hacen el nido igual desde milenios.

El seminario

Me han dicho que hasta en el seminario hay chicos que se atormentan para encontrar su vocación. Si les hubierais dicho desde la primaria que todos tenemos la misma vocación, hacer el bien allí donde nos encontremos, no estropearían los mejores años de su vida pensando en sí mismos.

Escuela de Servicio Social
Como mucho, si queréis dejar todavía algo más de tiempo para las decisiones concretas, se podrían hacer dos escuelas.

A una la llamaremos «Escuela de Servicio Social», de los catorce a los dieciocho años. Allí van quienes hayan decidido dedicar su vida solo a los demás. Con los mismos estudios se formarían el sacerdote, el maestro (de los ocho cursos de enseñanza obligatoria), el sindicalista, el hombre político. A poder ser, con un año de especialización.

A las demás las llamaremos «Escuelas de Servicio del Yo» y podrían dejarse las que hay ahora sin más retoques.

Apuntar arriba
La Escuela de Servicio Social podría darse el gustazo de apuntar alto. Sin notas, sin expedientes, sin juegos, sin vacaciones, sin debilidades hacia el matrimonio o la carrera. Todos los chicos encaminados a la entrega total.

Luego, por el camino, alguno puede apuntar menos alto. Encontrar a una chica, adaptarse a amar a una familia más pequeña.

Si ha pasado los mejores años de la vida preparándose para la gran familia, no habrá perdido nada. Al contrario, será un padre o una madre mejor, lleno de ideales, capaz de criar a un muchacho que vuelva a aquella escuela.

Vuestra Escuela del Servicio del Yo querría preparar a todos para el matrimonio. Apenas lo logra incluso con quien se casa. Quien, encima, no se casa se convierte en un solterón avinagrado.

Maestros en paro
Se oye la queja de que hay demasiados maestros. No es verdad. Lo que pasa es que el puesto de trabajo atrae a muchos

sin ningún interés por ser maestros. Si aumentáis el número de horas, desaparecerán todos.

Una maestra casada cobra lo mismo que su marido. Pero en la práctica no se ausenta más que cualquier ama de casa. Esposa y madre ejemplar. A cada resfriado de su niño, se queda en casa. ¿Quién no querría una mujer así?

Además, hay decenas de miles de puestos vacíos en secundaria. Se los habéis dado a todos los de la raza licenciada o de la raza que se está licenciando (farmacéuticos, veterinarios, estudiantillos).

Se los habéis negado a los maestros, que tenían años de experiencia en la escuela.[94]

Casta

Los diputados actuales no abrirán nunca la secundaria a los maestros.

Al contrario. Hay quien propone exigir también la licenciatura a los que enseñan en primaria. Dicen que la pedagogía y la psicología ya son ciencias. Hay que estudiarlas en la universidad.

Cuando los licenciados critican la escuela y dicen que está enferma, se olvidan de que son un producto de ella. Han mamado la infección hasta los veinticinco años. Ya son incapaces de pensar que quien no haya hecho sus mismos estudios pueda valer algo.

Sin embargo, cuando van a hablar con el maestro de su niño, hablan como se hablaría a uno de casa. No ocultan nada, colaboran.

94 En Italia, la diferencia es neta: son maestros en los cinco cursos de primaria y profesores (licenciados) a partir de secundaria. En España, aún pueden enseñar en los dos primeros cursos de ESO los maestros que lo hicieron en segunda etapa de EGB antes de 1990. *(N. del T.)*.

Cuando hablan con el profesor de secundaria miden cuidadosamente las palabras, como quien habla con un adversario.

No lo quieren decir, pero hasta ellos lo saben. Los maestros valen porque han estado en la escuela poco tiempo. Y los profesores son lo que son por ser todos licenciados.

La cultura que se necesita

Éxodo

En las montañas no podemos estar. En el campo somos demasiados. Todos los economistas están de acuerdo en este punto.

¿Y si no lo estuvieran? Póngase en el lugar de mis padres. Usted no permitiría que su hijo quedara excluido. Luego tenéis que acogernos. Pero no como ciudadanos de segunda, solo útiles como peones.

Cada pueblo tiene su cultura y la de ningún pueblo es inferior a la de otro. La nuestra es un regalo que os hacemos. Un poco de vida entre lo árido de vuestros libros, escritos por gente que solo ha leído libros.

Cultura agraria

Si se hojea una enciclopedia escolar todo son plantas, animales y estaciones. Parece que no pueda escribirlo más que un campesino.

Sin embargo, los autores han salido de vuestra escuela. Basta con mirar los dibujos: labradores zurdos, palas redondas, azadas curvas, herreros con herramientas de los romanos, cerezos con hojas de ciruelo.

Mi maestra de primero de primaria me dijo: «Súbete a ese árbol y cógeme dos cerezas». Cuando se enteró mi madre, dijo: «¿Y quién le ha dado el carné?».

Le dais la habilitación a ella y me la negáis a mí, que en toda mi vida no he llamado árbol a ninguno de ellos. Los conozco por su nombre uno a uno.

También conozco los «sormientos». Los he podado, recogido y cocido el pan con ellos. Usted en un ejercicio me ha señalado «sormientos» como un error. Cree que se dice «sarmientos» porque lo decían los antiguos latinos. Luego va a buscar a escondidas en el diccionario qué significa.

Solos como perros

También sobre los hombres sabéis menos que nosotros. El ascensor es una máquina para ignorar a los vecinos. El automóvil, para ignorar a los que van en el bus. El teléfono, para no mirar a la cara ni entrar en casa.

Usted tal vez no, pero sus chavales, que se saben a Cicerón, ¿de cuántos vivos conocen a su familia cercana?[95] ¿En las cocinas de cuántos han entrado? ¿A cuántos han asistido alguna noche? ¿De cuántos han llevado sus muertos sobre los hombros? ¿Con cuántos pueden contar en caso de necesidad?

Si no hubiera sido por la riada [de Florencia en 1966], todavía no sabrían cuántos son de familia los del primero.

Yo los he tenido de compañeros un año entero y de sus casas no sé nada. Y, sin embargo, no paran. Suelen levantar la voz todos a la vez y siguen hablando como si nada. Total, cada uno solo se escucha a sí mismo.

Cultura humana

Bajo su ventana rugen mil motores al día. No sabe de quién son ni dónde van.

95 Cicerón: escritor latino.

Yo sé leer los ruidos de este valle en varios kilómetros a la redonda. Ese motor lejano es Nevio, que va a la estación con algo de retraso. ¿Quiere que le diga todo sobre cientos de personas, decenas de familias, parentescos y relaciones?

Si usted habla con un obrero, no acierta ni una: ni las palabras, ni el tono, ni las bromas. Yo sé lo que está pensando un montañés cuando se calla y lo que piensa cuando dice otra cosa.

Esta es la cultura que hubieran deseado tener los poetas que a usted le gustan. Nueve décimas partes del mundo la tienen y nadie ha logrado escribirla, pintarla o filmarla.

Por lo menos sed humildes. Vuestra cultura tiene grandes lagunas, como las nuestras. Tal vez mayores. Desde luego más dañinas para un maestro de primaria.

La cultura que pedís

Latín

Para vosotros la materia más importante es la que no tendremos que enseñar nunca.

Hasta pretendéis que se traduzca del italiano al latín. ¿Y quién ha puesto una señal donde acaba el latín y comienza el italiano?

Alguien, vete a saber quién, ha llegado a escribir una gramática. Pero es una vulgar estafa. En cada regla se necesitaría la fecha y la región donde se decía de esa manera.

Los chicos arribistas aceptan la imposición, la aprenden de memoria. Lo único que les importa es pasar de curso y repetir el juego cuando sean profesores.

Usted me ha corregido en un ejercicio la palabra *«portavit»*.[96] Para usted es un delito hacer las cosas sencillas cuando

96 *Portavit:* en latín, para decir «llevar», hay dos verbos. Uno fácil *(porto)* y uno difícil *(fero)*.

pueden hacerse complicadas. Lo curioso es que Cicerón decía el sencillo «*portavit*» a menudo, y lo prefería al culto «*fero*». Cicerón era romano, y ni lo sabía.[97]

Matemáticas

La segunda materia equivocada son las matemáticas. Para enseñarlas en primaria basta con saber las de primaria. Quien tenga tercero de secundaria ya tiene tres años de sobra. Así que hasta se pueden suprimir en el programa de Magisterio.

Lo que sí haría falta es aprender el modo de enseñarlas, pero esto no son matemáticas. Corresponde a las prácticas o a la didáctica.

En cuanto a las matemáticas avanzadas, como parte de la cultura general, se pueden proporcionar de otra manera. Dos o tres conferencias de un especialista que sepa explicar en qué consisten.

Si el día de mañana se encomendara a los maestros de primaria toda la enseñanza obligatoria, el problema no cambiaría.

No es cierto que haga falta la licenciatura para enseñar matemáticas en secundaria. Es una mentira inventada por la casta que tiene hijos licenciados. Ha echado la zarpa sobre 20.478 puestos de trabajo un poco especiales. Es el área en que menos se trabaja (dieciséis horas a la semana). La que no requiere ponerse al día. Basta con repetir durante años las mismas bobadas que se sabe cualquier chaval espabilado de tercero de secundaria. La corrección de los ejercicios se hace en un cuarto de hora. Los que no están bien, están mal.

97 Verso de *La Scoperta dell'America,* de Cesare Pascarella (poeta romanesco).

Filosofía

Los filósofos estudiados en el manual resultan todos odiosos.[98] Son demasiados y han dicho demasiadas cosas.

Nuestro profesor nunca ha tomado partido. No se sabe si todos le convencen o si ninguno le importa nada.

Yo, entre un profesor indiferente y uno maniático, prefiero el maniático. Uno que tenga un pensamiento propio o algún filósofo que le caiga bien. Que hable solo de él, que critique a los demás, que nos lo lea en el [texto] original tres años seguidos. Saldremos de clase convencidos de que la filosofía puede llenar una vida.

Pedagogía

La pedagogía, tal y como está, yo la quitaría. Pero no estoy muy seguro. Probablemente si hicierais algo más, descubriríamos que tiene algo que decirnos.

A lo mejor luego se descubre que tiene que decirnos una sola cosa. Que los chicos son todos diferentes, diferentes los tiempos históricos y cada momento de un mismo chico, diferentes los países, los ambientes, las familias.

Entonces bastaría una sola página del libro que dijera esto, y el resto se podría tirar.

En Barbiana no pasaba un día sin entrar en problemas pedagógicos. Aunque no recibían este nombre. Para nosotros tenían siempre el nombre de un chico concreto. Caso por caso, hora por hora. No creo que haya un solo tratado escrito por algún señor con algo sobre Gianni que no sepamos nosotros.

98 Filósofo: pensador.
Manual de Filosofía: libro que recoge lo que han dicho los filósofos en sus libros.

Evangelio

Tres años sobre tres malas traducciones de poemas antiguos (la *Ilíada,* la *Odisea* y la *Eneida*). Tres años sobre Dante. Ni un solo minuto siquiera sobre el Evangelio.

No digáis que el Evangelio es cosa de los curas. Aun quitando el problema religioso, queda el libro para su estudio en todas las escuelas y en todas las clases.

En literatura, el capítulo más largo corresponde al libro que ha dejado más huella, que ha trascendido las fronteras.

En geografía, el capítulo más detallado debería ser Palestina. En historia, los hechos que precedieron, acompañaron y siguieron la vida del Señor.

Además, haría falta una materia a propósito: un recorrido por el Antiguo Testamento, lectura del Evangelio en una sinopsis, crítica del texto, cuestiones lingüísticas y arqueológicas.[99]

¿Cómo no se os ha ocurrido? Puede que Jesucristo le resultara un poco sospechoso a quien os ha construido la escuela: demasiado amigo de los pobres y demasiado poco de la pasta.

Religión

Cuando le hayáis dado al Evangelio el lugar que le corresponde, la clase de religión resultará una cosa seria.

Se tratará simplemente de guiar a los chicos en la interpretación del texto. Podría hacerlo el cura y, si se puede, en discusión con un profesor no creyente, pero serio. Es decir, que conozca el Evangelio tanto como él.

99 Sinopsis: libro en el que los cuatro Evangelios están impresos uno junto a otro en vez de uno detrás de otro.

Crítica del texto: estudio de las diferencias que se hallan en los antiguos manuscritos del Evangelio.

Arqueología: estudio de los objetos antiguos hallados bajo tierra.

Al buscar estos profesores saldrán a flote los límites de vuestra cultura. En Florencia hay decenas de sacerdotes capaces de impartir una lección bíblica de alto nivel. Gente que lee de corrido el texto griego y, si se tercia, sabe echarle un ojo al hebreo.[100]

¿Sabríais darme el nombre de un laico seriamente preparado para estar a la altura? Pero proveniente de vuestras escuelas, no del seminario.

He oído una conferencia de un joven intelectual, de esos que han leído todos los libros del mundo (menos uno): «Si el grano de trigo no cae en tierra y muere, no da fruto, como dice Gide».[101]

Yo no sé quién es este Gide. Pero el Evangelio lo estudio desde hace años y lo estudiaré toda mi vida.

El conde

De gente que olvida el Evangelio se puede esperar cualquier cosa. Te entra la duda sobre todo lo que enseñáis. Dan ganas de saber quién hizo las opciones decisivas.

El caso es que vuestra escuela nació mal.

Nació en 1859. Un rey quería ampliar las posesiones de su familia. Comenzó los preparativos de la guerra. Lo primero fue poner al frente del gobierno a un general. Después mandó de vacaciones a los diputados. Luego llamó a un conde y le hizo redactar la Ley de Instrucción Pública.[102]

100 La parte más antigua de la Biblia está escrita en hebreo. La parte más reciente (por ejemplo, el Evangelio) está escrita en griego.

101 Gide: hemos visto en el diccionario que es un escritor francés. Probablemente habrá puesto esa frase del Evangelio en un libro suyo y el profesor se ha creído que era suya.

102 Un rey: Víctor Manuel II.
Un general: Alfonso La Marmora.

Esa ley, impuesta por las armas en toda Italia, y jamás votada por el Parlamento, es todavía el esqueleto de vuestra escuela.[103]

Historia

La historia es la materia que más se ha resentido. Habrá algún libro un poco distinto, pero me gustaría tener una estadística de los más usados.

En general no es historia. Es una historieta provinciana e interesada, contada por el vencedor al campesino. Italia, el centro del mundo. Los vencidos, todos malos; los vencedores, todos buenos. Solo se habla de reyes, de generales, de estúpidas guerras entre naciones. Los sufrimientos y las luchas de los trabajadores o se ignoran o aparecen en un rinconcillo.

Y pobre de quien no guste a los generales o a los fabricantes de armas. El libro considerado más moderno despacha a Gandhi en nueve líneas. Sin aludir siquiera a su pensamiento y mucho menos a sus métodos.

Educación cívica

Otra materia que no dais y que yo sabría impartir es la educación cívica.

Algún profesor se defiende diciendo que la enseña dentro de las demás materias. Si fuera verdad, sería demasiado

De vacaciones: con ocasión de la guerra, Víctor Manuel disolvió el Parlamento y asumió plenos poderes.

Un conde: Gabrio Casati. La ley Casati es del 13 de noviembre de 1859. No fue votada ni por el Parlamento piamontés ni luego por el italiano.

103 «… no obstante la reforma de 1923 y la de 1930-40 y, no obstante la diferente organización constitucional de la escuela tras la llegada de la República, la ley Casati sigue siendo todavía la gran trama sobre la que se teje nuestra escuela de cualquier orden y grado», Luigi Volpicelli.

bonito. Así que, si conoce ese método, que es el correcto, ¿por qué no da todas las materias así, en un edificio bien trabado en el que todo se funde y se distingue?

Decid más bien que es una materia que no domináis. Usted no sabe bien lo que es un sindicato. En casa de un obrero no ha cenado nunca. Del conflicto sobre los transportes públicos no conoce los términos. Solo sabe que los atascos de tráfico molestan su vida privada.

Nunca ha estudiado estas cosas porque le dan miedo. Como le da miedo llegar hasta el fondo en geografía. En nuestro libro estaba todo, menos el hambre, los monopolios, los sistemas políticos, el racismo.

Las correcciones

Hay una materia que ni siquiera tenéis en el programa: el arte de escribir. Basta con ver las correcciones que escribís en las redacciones. Aquí tengo una pequeña colección. Son constataciones, no instrumentos de trabajo.

«Infantil. Pueril. Demuestra inmadurez. Insuficiente. Banal». ¿De qué le sirve al chico saberlo? Mandará a la escuela a su abuelo, es más maduro... O bien: «Escaso contenido. Concepto modesto. Ideas pálidas. Falta una verdadera participación en lo que escribes». Entonces la redacción estaba mal puesta. Ni siquiera debíais haberle pedido escribir. O bien: «Trata de mejorar la forma. Forma incorrecta. Forzado. Poco claro. No está bien construido. Varias inexactitudes. Trata de ser más simple. Las frases son retorcidas. La expresión no siempre es feliz. Debes controlar más tu forma de expresar las ideas». Nunca se lo habéis enseñado, ni siquiera creéis que se pueda enseñar, no aceptáis las reglas objetivas del arte, seguís quietos en el individualismo del siglo XIX.

Así hasta que llega la criatura tocada por los dioses: «Espontáneo. No te faltan ideas. Trabajo con ideas propias que muestran una cierta personalidad». Ya que estáis, poned también «Viva la madre que te parió».

El genio

Me entregó una redacción con un cuatro y me dijo: «El escritor nace, no se hace». Pero, mientras, usted cobra el sueldo como profesora de italiano.

La teoría del genio es un invento burgués. Nace de racismo y pereza bien mezclados.

También en política, antes que liarse con las ideas complicadas de los partidos, es más fácil coger un De Gaulle, decir que es un genio, que Francia es él.

Eso hace usted con el italiano. Pierino tiene ese don. Yo no. Tranquilos todos.

No hace falta que Pierino piense en lo que escribe. Escribirá libros como los que hay por ahí. Quinientas páginas que podrían reducirse a cincuenta sin perder una sola idea. Yo puedo resignarme y volver al bosque.

Usted puede continuar holgazaneando en clase, escribiendo rayitas en su registro.

Escuela de arte

El arte de escribir se enseña como cualquier otro arte.

Pero en esto hemos tenido una discusión. Una parte quería contar cómo hacemos para escribir. Otra parte decía: «El arte es una cosa seria, pero está hecho con una técnica vulgar. Se reirán de nosotros».

Los pobres no se reirán. Los ricos que se rían si quieren y nosotros nos reiremos de ellos, que no saben escribir ni un libro ni un periódico a la altura de los pobres.

Al final, se decidió contarlo todo para uso de los lectores que nos quieran.

Una técnica humilde

Así que nosotros hacemos esto:

Antes que nada, cada uno lleva en el bolsillo un bloc de notas. Cada vez que a alguien se le ocurre una idea, la apunta. Cada idea en una hojita aparte y escrita por una sola cara.

Un día se juntan todas las hojitas sobre una mesa grande. Se repasan una a una para quitar las repeticiones. Después se juntan las papeletas emparentadas entre sí en grandes montones y son los capítulos. Cada capítulo se divide en montoncitos y son los párrafos.

Luego, se intenta dar un nombre a cada párrafo. Si no se consigue, quiere decir que no contiene nada o que contiene demasiadas cosas. Algún párrafo desaparece. Alguno se convierte en dos.

Con los nombres de los párrafos se discute su orden lógico hasta que nace un esquema. Con el esquema se vuelven a ordenar los montoncitos.

Se coge el primer montoncito, se extienden sobre la mesa sus hojitas y se le busca el orden. Ahora se escribe todo seguido tal y como viene.

Se hacen copias para tenerlo delante todos igual. Después, tijeras, pegamento y lápices de colores. Se va todo a paseo. Se añaden nuevas papeletas. Se hacen copias otra vez.

Empieza la carrera a ver quién descubre palabras que hay que quitar, adjetivos de más, repeticiones, mentiras, palabras difíciles, frases demasiado largas, dos ideas en una misma frase.

Se llama a un extraño detrás de otro. Se procura que no hayan ido mucho a la escuela. Se les hace leer en voz alta. Se mira que hayan entendido lo que queríamos decir.

Se aceptan sus consejos con tal que sean sobre la claridad. Se rechazan los consejos de prudencia.

Tras haber hecho todo este trabajo, siguiendo reglas que valen para todos, siempre aparece el típico intelectual tonto que afirma: «Esta carta tiene un estilo personalísimo».

Vagancia

Decid más bien que no sabéis lo que es el arte. El arte es lo contrario de la vagancia.

Y usted también, no diga que le faltan horas. Basta con un escrito nada más en todo el año, pero hecho por todos juntos.

A propósito de vagos. Le propongo un divertido ejercicio para sus chavales. Pasad un año traduciendo el Saitta al italiano.[104]

Proceso penal

Actualmente trabajáis doscientos diez días al año, de los que gastáis treinta en los exámenes y otros treinta en hacer ejercicios en clase. Quedan ciento cincuenta días de clase. La mitad de la hora la gastáis en preguntar y quedan setenta y cinco días de clase contra ciento treinta y cinco de proceso penal.

Aun sin tocar vuestro contrato de trabajo podríais multiplicar por tres las horas de clase.

Ejercicios en clase

Durante los deberes en clase usted pasaba entre los bancos, me veía con dificultades o equivocarme y no decía nada.

104 Saitta: libro de Historia.

En mi casa también me encuentro en esas condiciones. Nadie a quien dirigirme en varios kilómetros a la redonda. Ni un libro de más. Ni teléfono.

Sin embargo, esto es la «escuela». He venido aposta desde lejos. No está mi madre, que promete estar callada y luego me interrumpe cien veces. No está el niño de mi hermana, que necesita ayuda para hacer los deberes. Hay silencio, buena luz, un banco para mí solo.

Y ahí, de pie, a dos pasos de mí, está usted. Sabe las cosas. Le pagan para ayudarme. Y, sin embargo, pierde el tiempo en vigilarme como a un ladrón.

Ocio y terror

Usted misma me ha dicho que preguntar la lección no es dar clase: «Cuando yo esté a primera hora, puedes coger el otro tren: total, la primera media hora la dedico a preguntar».

Durante las preguntas, la clase está sumergida en el ocio o en el terror. Hasta el chico a quien se pregunta pierde tiempo. Trata de no descubrirse. Huye de las cosas que ha entendido menos, insiste en las que se sabe bien.

Para contentarla a usted basta con saber vender la mercancía. No callarse nunca. Rellenar los vacíos con palabras vacías. Repetir las opiniones del Sapegno con cara de haberse leído los textos originales.[105]

Opiniones personales

O mejor aún, lanzar «opiniones personales». Usted tiene en gran consideración las opiniones personales: «Para mí,

105 Sapegno: libro de Historia de la Literatura. Su autor ha leído muchos libros. Los compara entre sí y los juzga. Los profesores se contentan con que se repita lo que dice él.

Petrarca...».[106] Puede que el chico haya leído dos poesías, tal vez ni una.

Me han dicho que, en ciertas escuelas americanas, a cada palabra del maestro media clase levanta la mano y dice: «Yo estoy de acuerdo». La otra mitad dice: «Yo no estoy de acuerdo». La vez siguiente se cambian las mitades y continúan tan serios mascando chicle.

Un chico con opiniones personales sobre cosas mayores que él es un imbécil. No debe sentirse apoyado. A la escuela se va a escuchar lo que dice el maestro. Solo en raras ocasiones algo que nos pasa a nosotros resulta necesario a la clase y al maestro. Pero no son opiniones ni cosas leídas. Datos precisos sobre cosas vistas con nuestros propios ojos en las casas, en las calles, en los bosques.

Una pregunta inteligente

A mí nunca me las preguntó usted. Yo, por mi cuenta, no las decía. Sin embargo, sus señoritos le preguntaban con cara angelical cosas que ya sabían de antemano. Y usted los animaba: «¡Es una pregunta inteligente!».

Una comedia inútil para todos. Dañina para el alma de esos pelotas. Cruel para mí, que no sabía seguir el juego.

La segunda lengua muerta

> Donde duerme el afán de ínclitos hechos,
> y el trémulo pavor y la opulencia
> son del vivir político ministros,
> inútil pompa, precursora imagen
> del Orco son marmóreos monumentos.[107]

106 Petrarca: poeta italiano del siglo XIV.
107 Es un trozo de los «Sepulcros» de Foscolo.

«Traduce en prosa». Mis ojos vagaban sobre aquellas palabras extrañas sin saber dónde posarse. Usted me sonreía: «Ánimo, son cosas fáciles, las expliqué ayer. No has estudiado».

Inaugurar

Era verdad. No había estudiado. Yo no diré jamás a mis alumnos que «inaugurar» quiere decir augurar mal. Lo pone en una nota a pie de página. Pero es una mentira. La inventó Foscolo porque no quería a los pobres. No quiso esforzarse por nosotros.

Usted me hacía llevar un cuaderno sobre esas notas para obligarme a aprender de memoria esa lengua. Y yo tenía que aprender otro idioma, ¿para hablar con quién?

Para echarle una mano a Dick, desde el otro lado del foso de las lenguas, había hecho acrobacias. Cuando en las horas de trabajo me veía sentado, se esforzaba en pronunciar: *«doulche vita»*. Yo le respondía una palabrota en el más horrible *cockney*. Me esforzaba en pronunciar mal como él. El *cockney* que no sirve en los despachos. Con el que no se sale de pobre.

Chantaje

Mientras tanto, pasaban los minutos y no abría la boca. Estaba lleno de rabia y desesperación.

Aquellos pobres chicos no podían entenderme. Los habéis acostumbrado desde pequeños a la lengua de Monti.

Ugo Foscolo: poeta italiano de principios del siglo XIX. Puede que esa poesía diga cosas importantes. Si la profesora no quiere que nos las perdamos, es ella quien nos tiene que facilitar su lectura (traducción al lado, permiso para usar las notas).

[Texto original: *«Ma ove dorme il furor d'inclite gesta | e sien ministri al vivere civile | l'opulenza e il tremore, inutil pompa | e inaugurate immagini dell'Orco | sorgon cippi e marmorei monumenti»*, en la página anterior se ha transcrito la traducción de Marcelino Menéndez y Pelayo. *(N. del T.)*].

Están resignados a aburrirse. No esperan otra cosa de la escuela.

Me animaban con una simpatía compasiva. Como los jóvenes de la Congregación de San Vicente que no perciben el odio.

Ninguno estaba contra mí. Ni siquiera usted. «No te voy a comer». Tenía un tono alentador. Quería cumplir conmigo toda su obligación.

Pero destruía todos mis ideales con el cebo de un título que estaba en sus manos.

El arte

Si hubiera tenido, durante aquellos interminables minutos de las preguntas, el tiempo para calmarme, el tiempo que ahora tengo aquí con mis compañeros para decir todas estas cosas, la hubiera convencido. Estoy seguro. Usted tampoco es una bestia.

Pero entonces solo me venían a la boca palabrotas e insultos. Esas palabras que aquí por escrito logramos, con un poco de esfuerzo, contener y transformar en argumentos.

Así hemos comprendido lo que es el arte. Es querer mal a alguien o algo. Reflexionar sobre ello despacio. Buscar la ayuda de los amigos en un paciente trabajo de equipo.

Poco a poco sale a flote lo que hay de verdadero bajo el odio. Nace la obra de arte: una mano tendida al enemigo para que cambie.[108]

La infección

Después de un mes en vuestra escuela, yo también me infecté.

108 Pier Paolo Pasolini, famoso escritor y cineasta asesinado, dijo: «una de las definiciones de literatura más hermosas que yo haya leído nunca» (*Momento* 15-16, 1968, p. 59; *Educar(NOS)* 77, 2017, pp. 9-12. *(N. del T.)*.

Durante las preguntas en clase sentía que se me paraba el corazón. Deseaba para los demás lo que no quería para mí.

Durante la lección no atendía. Ya estaba pensando en las preguntas de la clase siguiente.

Las materias más bonitas y variadas acababan todas allí. Como si no pertenecieran a un mundo mayor que aquel metro cuadrado entre la pizarra y su sillón.

Un gusano

En casa no me daba cuenta de si mi madre estaba mala. No pedía noticias de los vecinos. No leía el periódico. No dormía por la noche.

Mi madre lloraba. Mi padre refunfuñaba entre dientes: «Ganas más si te vienes al bosque».

Me vi estudiando como un gusano.

Hasta entonces, de cada cosa no veía más que la forma de enseñarla a mis chavales. Si me parecía importante, dejaba allí el manual y trataba de profundizar en otros libros.

Después de vuestro tratamiento, me parecía demasiado hasta el manual. Me encontré subrayando las cosas más urgentes. Más tarde, mis compañeros me aconsejaron libruchos más miserables todavía que el manual. Preparados aposta para contentar vuestras cabecitas.

La duda

Hasta llegué a pensar que tuvierais razón vosotros. Que la verdadera cultura fuese la vuestra. Que a nosotros allí arriba, en nuestra soledad, se nos hubiera ido la cabeza con un simplismo que vosotros ya habéis superado desde hace siglos.

Que nuestro sueño de una lengua que pueda ser leída por todos, hecha con palabras cotidianas, no fuese más que un obrerismo fuera de tiempo.

Me faltó un pelo para hacerme de los vuestros. Como los hijos de los pobres que van a la universidad y cambian de raza.

Arrojado fuera

Pero no conseguí corromperme tan deprisa como era necesario para agradarla a usted. En junio me puso un cuatro en italiano y un tres en latín.

Retomé el camino del bosque y regresé a Barbiana. Día tras día, de la mañana a la noche, como de pequeño.

Pero no retomé todo el ritmo de la escuela. Por lo urgente de esos dos exámenes, el cura me dispensó de la lectura del periódico y de dar clase a los pequeños. Estudiaba solo en una habitación para tener el silencio y los libros que no tengo en casa.

Volvía entre los vivos solo para la lectura del correo.

El correo

La limosna

Francuccio, desde Argelia: «En algunos sitios la tierra es completamente roja y ni siquiera hay un hilo de hierba. De repente el tren empieza a frenar. Me asomo a la ventanilla para ver qué pasa. Y he aquí que aparecen tres niñas con faldas de colores hasta los pies. Se ponen a caminar junto al tren y no piden, pero la gente les echa algo. Ellas lo cogen al vuelo y se lo guardan en el seno. Cuando ya han recibido hasta del último vagón, el maquinista recupera la marcha a treinta por hora. Me han dicho que Ben Bella quería erradicar la práctica de la limosna y que, sin embargo, Bumedian deja hacer. No logro comprender quién tiene razón. Tú, cura, ¿qué dices?».

La lengua de los pobres

Otra de Francuccio: «Encontré por la calle un aro de madera y, sin pensarlo, me puse a lanzarlo al aire y a cogerlo al vuelo. Se me acercaron unos veinte niños que empezaron a reírse y a poner las manos para que se lo echara. Se lo tiré y seguimos cinco minutos sin decirnos nada. De repente, el mayor hizo una señal de parar. Había descubierto que tenía el periódico árabe. Entonces me preguntó en árabe qué hacía y de dónde venía. Nos pusimos a hablar en las escaleras de una pequeña mezquita.[109] Se acercó el muecín y me habló deprisa. Como no entendía sus preguntas tuve que confesarle que no era árabe, pero le dije que sabía leer el árabe. Entonces me llevó dentro de la mezquita a leer el Corán. Estaba entusiasmado».

La religión

Sandro, desde Francia: «Para el coche en una carretera secundaria y quiere que le pague el autostop. Yo le digo *"Machin, je suis catholique"*,[110] entonces para, pero me deja allí plantado y me ha tocado hacer cuatro kilómetros a pie para volver a encontrar la carretera nacional».

Girasoles hervidos

Franco, desde Gales:[111] «El cura tiene un librito a propósito para confesar a extranjeros. Se le dice: "He hecho dos del veinticinco y he soltado tres del doce". ¡Me ha echado un sermón sobre el veinticinco! Cuido el huerto de una viejita. Hoy me ha hecho escardar girasoles todo el día. Es vegetariana,

109 Mezquita: iglesia musulmana.
Muecín: guarda de la mezquita encargado de iniciar las oraciones.
Corán: el libro sagrado de los musulmanes.

110 «Amigo, soy católico».

111 Gales: región de Gran Bretaña.

pero quería comprar carne solo para mí. Le he dicho que no, también esta es una experiencia. Entonces ha cortado dos tallos de girasol y me los ha cocinado hervidos».

Apolítica

Carlo, desde Marsella:[112] «Hay un grupo de estudiantes italianos con un cura. Construyen barracas para los argelinos sin cobrar. Aprender francés les da igual. De política no quieren saber nada. Hablan mucho sobre el Concilio y pocos golpes con el pico. Una de ellas es un poco tonta. Esta noche, cuando me he venido a la habitación para escribiros, ha llegado también ella y se ha echado sobre la cama diciendo que le gustaban los florentinos».

Elogio de la mentira

Edoardo, desde Londres: «La culpa es de los padres, que les dan demasiados caprichos. No les enseñan a gastar el dinero, se dejan mandar, los creen demasiado maduros. Los padres se ganan su sinceridad, pero ¿qué significa una mentira si es capaz de apartar a un chico de tantos pecados? No sé si me explico bien. Es cierto que los chicos ingleses son sincerísimos. Pero ¿qué mérito tiene si su madre no les riñe nunca? ¿Y qué ganan los padres? Si yo digo una mentira es señal de que sé lo que está mal y antes de volver a hacerlo me lo pienso».

Un crédito

Un viejo sindicalista inglés escribe para hablarnos de Paolo: «Es una bendición de Dios en nuestro taller y un gran crédito para vuestra escuela. ¡Tan apasionado y feliz con la vida! Me parece que lo ha hecho Dios, que vosotros y yo, tan lejos como estamos,

112 Marsella: ciudad de Francia.

pensemos igual y hablemos igual. Aquí muchos trabajadores votan a los conservadores y leen el periódico del amo y yo digo: de Italia tenía que venir alguien que piense como yo. Os dejáis dar lecciones por un muchacho y encima católico romano».[113]

Aníbal Caro
Acabada la lectura del correo, me encierro de nuevo con la *Eneida.*

Leo un episodio que le gusta a usted.

Dos sinvergüenzas despluman a la gente mientras duerme. Lista de los desplumados y de lo robado y de quién les había regalado un cinturón y el peso del cinturón. Todo en una lengua que nació muerta.[114]

No hacía falta meter la *Eneida* en el programa. Usted la ha escogido. No se lo puedo perdonar. Sin embargo, mis compañeros me perdonan. Saben que el objetivo es ser maestro. Pero me he quedado fuera, casi igual que usted.

Desinfección

Superficiales
En septiembre usted me puso un tres y otro tres. Ni siquiera sabe ejercer su oficio de boticaria. La basculita no le funciona. No podía saber menos que en junio.

113 Un acuerdo internacional prohíbe el trabajo de los chicos en el extranjero antes de los dieciocho años. Pero las leyes del trabajo no solo se violan en Italia. Chicos de Barbiana de entre catorce y dieciséis años han trabajado en los siguientes países: Inglaterra, Alemania, Francia, Austria, Argelia, Libia. Por ejemplo, los autores de estas cartas tenían las siguientes edades: Francuccio, dieciséis; Sandro, quince; Franco, catorce; Carlo dieciséis; Edoardo, dieciséis; Paolo, dieciséis.

114 Nacida muerta: en las escuelas se suele leer la traducción de la *Eneida* hecha por Aníbal Caro en el siglo XVI.

Usted ha girado el interruptor. Ha apagado a un chico. Y, sin embargo, sin saberlo me ha vuelto a encender la luz. He vuelto a abrir los ojos sobre vosotros y vuestra cultura.

Ante todo, he descubierto el insulto preciso para definiros: sois simplemente unos superficiales. Sois una asociación de autobombo[115] que se sostiene porque sois pocos.

Venganza

Mi padre y mi hermano van al bosque por mí. No puedo repetir curso y no pienso llevar leña a cuestas dejando el mundo así como está. Sería demasiada satisfacción para vosotros.

Así que me he vuelto a Barbiana y en junio me he presentado por libre. Me habéis jorobado de nuevo, como el que escupe en el suelo. Pero no me rindo. Seré maestro y haré escuela mejor que vosotros.

La segunda venganza

La segunda venganza es esta carta. La hemos trabajado todos juntos.

Hasta Gianni ha colaborado. Tiene a su padre en el hospital. Si hubiera tenido el año pasado la mirada de hombre que tiene ahora... Ya para la escuela es demasiado tarde, en casa necesitan su paga de aprendiz. Pero cuando se enteró de la carta prometió venir a ayudarnos algún domingo.

Por fin ha venido. La ha leído. Nos ha indicado palabras y frases demasiado difíciles. Nos ha recordado alguna maldad sabrosa. Nos ha dado permiso para sacarle a relucir. Es casi el autor principal.

115 En el original: «sociedad de mutuo incensamiento» (con incensario). También, «de mutuo encomio»... *(N. del T.)*.

Pero no os consoléis con tan poca cosa. Lo lleváis sobre vuestra conciencia. Todavía no se sabe expresar.

Esperamos una carta

Ahora estamos aquí esperando una respuesta. Seguro que en alguna escuela de Magisterio alguien nos escribirá:

> Queridos chicos:
>
> No todos los profesores son como esa señora. No seáis racistas también vosotros.
>
> Aunque no estoy de acuerdo con todo lo que decís, sé que nuestra escuela no funciona. Solo una escuela perfecta puede permitirse rechazar a la gente nueva y las culturas diferentes. Y la escuela perfecta no existe. No lo es la nuestra ni la vuestra.
>
> De todos modos, los que de vosotros quieran ser maestros, que vengan a examinarse aquí. Tengo un grupo de colegas dispuestos a hacer la vista gorda por vosotros.
>
> En pedagogía os preguntaremos solo por Gianni. En lengua, que nos contéis cómo habéis hecho para escribir esta hermosa carta. En latín, alguna palabra antigua que diga vuestro abuelo. En geografía, la vida de los campesinos ingleses. En historia, los motivos por los que los montañeses bajan a la llanura. En ciencias nos hablaréis de los «sormientos» y nos diréis el nombre del árbol que hace las cerezas.

Esperamos la carta. Confiamos en que llegará.

Nuestra dirección es:

ESCUELA DE BARBIANA
VICCHIO MUGELLO (FLORENCIA)
ITALIA

Índice

«E il naufragar m'è dolce in questo mare»